U0561180

德国革命

1918—1919

[美] 拉尔夫·哈斯维尔·卢茨　著
赵　文　译

中国華僑出版社
·北京·

图书在版编目（CIP）数据

德国革命：1918–1919 / (美) 拉尔夫・哈斯维尔・卢茨著；赵文译. —北京：中国华侨出版社, 2023.4

ISBN 978-7-5113-8770-7

Ⅰ. ①德… Ⅱ. ①拉… ②赵… Ⅲ. ①德国十一月革命—研究 Ⅳ. ①K516.43

中国版本图书馆CIP数据核字(2022)第077048号

德国革命：1918—1919

著　　者：[美]拉尔夫・哈斯维尔・卢茨
译　　者：赵　文
出 版 人：杨伯勋
策划编辑：唐崇杰
责任编辑：李胜佳
经　　销：新华书店
开　　本：710毫米×1000 毫米　1/16开　印张：17.75　字数：155千字
印　　刷：北京天正元印务有限公司
版　　次：2023年4月第1版
印　　次：2023年4月第1次印刷
书　　号：ISBN 978-7-5113-8770-7
定　　价：89.00 元

中国华侨出版社　北京市朝阳区西坝河东里77号楼底商5号　邮编：100028
发 行 部：（010）64443051　传　真：（010）64439708
网　　址：www.oveaschin.com　E-mail：oveaschin@sina.com

出版说明

《德国革命：1918—1919》是美国历史学家、斯坦福大学历史学教授拉尔夫·哈斯维尔·卢茨（1886—1968）的代表作品。

1919年，拉尔夫·哈斯维尔·卢茨作为乔治·H.哈里斯将军领导的美国驻柏林军事代表团的一员，见证了柏林和几个州的革命。

美国工人世界党党报《工人世界》认为："拉尔夫·哈斯维尔·卢茨记录了德军于1918年4月在马恩河发动的最后一次进攻失利，以及7月遭到法军反攻的历史，并记录了德意志帝国国内反对战争的政治形势。"

本书从政治、经济、军事、社会等多个角度深入地分析了德国革命的多种因素，描述了特定历史时期的重要事件，解读了德国革命的后续影响。作者从德意志帝国在第一次世界大战中的军事失败出发，探讨了德国革命的起因与德意志帝国的终结，详细说明了社会民主党、独立社会民主党、斯巴达克同盟等各政党之间的权力斗争及其在德国革命中发挥的作用。德国革命推翻了德意志帝国，迫使王室及各邦国统治者退位，从根本上改变了德意志人的生活与社会制度。

作者在书中批判了王室、容克贵族和帝国政府的软弱无能，表达了对无产阶级和底层民众的同情和关心，具有一定的积极意义。然而，需要注意的是，作者受到第一次世界大战后国际格局的影响，未能意识到德国革命的历史局限性：它造成了严重的社会动荡，摧毁了社会秩序，削弱了中央政府的权力，加深了德意志民族的灾难，从而为希特勒的崛起培育了土壤。俾斯麦曾经预言，“腓特烈大帝身后廿载，有耶拿的惨败；若世事未变，混乱也会在我死后的二十年[①]到来”，而1919年德国革命结束后的第二十年（1939年），第二次世界大战爆发。

2023年2月

① 1898年，俾斯麦（Bismarck，1815—1898）去世，二十年后（1918年），德皇威廉二世退位，德意志帝国灭亡。——译者注

序言

1918年到1919年的德意志革命运动不仅摧毁了俾斯麦那一代人缔造的帝国，并且从根本上改变了德意志人的生活与制度。尽管目前很少有历史学家关注这场革命，但了解这场革命对理解当代德意志及德意志帝国在世界大战[①]中战败而导致的政治、经济问题至关重要。

本书基于个人观察、研读文献和其他印刷材料，研究德意志革命的起因、主要事件、发展趋势与结果。1919年3月到1919年8月，作为乔治·H.哈里斯将军指挥的美国驻柏林军事代表团的一员，我有机会见证柏林和几个州的革命斗争。

本书的权威资料主要来自胡佛战争图书馆收藏的德语文献，包括E.D.亚当斯教授1919年8月从柏林外交部拿到的德意志政府文件和美国驻柏林军事代表团宣传资料。此外，本书的权威资料还包括书籍、宣传册、报纸、期刊、海报和手稿等。这些资料对于研究德意志革命具有重要价值。

① 本书提到的世界大战指第一次世界大战。——译者注

目　录

第 1 章

德意志帝国的崩溃

The Collapse of the German Empire

第1节 军事上的失败

德意志帝国过于相信自己的使命，这从根本上造成了近代德意志悲剧的命运。三年的世界大战中，德意志帝国虽有胜利，但结果并不明朗。1917年，当世界大战接近尾声时，德意志帝国遭遇了新敌人——美国。美国向英国、法国、意大利和比利时提供紧急援助。然而，俄国突然“瓦解”[①]似乎有助于德意志帝国在美军到来之前结束西线战斗。1917年秋，意大利军队惨败于同盟国，拉开了最终军事悲剧的序幕。

1917年底到1918年初的冬天，德军总参谋部为西线的胜利做好了一切准备。德军老兵师从俄国被调到法国和比利时，又加强了西线的兵力。在后方训练区，德军的战略、战术得以完善。尽管德皇威廉二世是名义上的德军最高统帅，但陆军元帅冯·兴登堡和鲁登道夫将军真正指挥着德军。他们二人是德军和德意志帝国的绝对领导者，实行着近代史上独一无二的军事专政。冯·兴登堡和鲁登道夫对德军军事计划充满信心，并坚信德军在世界大战中能获得决定性胜利。尽管如此，他们也意识到德意

① 指俄国爆发十月革命，新生的苏维埃政权退出世界大战。——译者注

志帝国军事与政治局势的严峻性，抓住一切机会提高德军士气，并在帝国内陆各地进行反失败主义者、反投机商和反煽动者的宣传。帝国政府将士气高昂的德军军官、文职人员和工人团结在一起，以增加德军士气和必胜的信念。1917年7月29日，鲁登道夫在一封密令中写道："德军凭借着比协约国更高昂的士气，为同盟国提供强有力的支持。"

从1918年3月21日开始，德意志帝国的胜利给协约国带来决定性打击。潘兴[①]将军曾说，对协约国发起连续进攻的德军是当时世界上最强大的力量。德军的第一次进攻就将英国人赶回了亚眠，从而使士兵群情激昂。德军士气高涨，继续前进。受到东线老兵师胜利的鼓舞，德军更有信心取得最后的胜利。1918年4月9日，德军在里尔以西发动了第二次进攻，成功控制多个港口。1918年5月，德意志皇储的军队越过了贵妇小径[②]。1918年6月9日，德军在贡比涅前线的进攻扩大了军事防御区。1918年7月15日，德军攻击兰斯和马恩河，开始了在西线的决定性进攻。在第二次马恩河战役中，德意志帝国投入最强兵力。然而，协约国军队尽管遭遇了失败，但仍坚守阵地。福煦[③]元帅迅速、秘密地准备反攻。1918年7月18日，反攻开始，从而使形势开始发生变化。经历了四年世界大战的德意志帝国，将不可避免地面临军事失败。

早在1918年5月，鲁登道夫就应该已经知道德军不可能获得胜利。第一次进攻获胜并不能说明战争会获得最终胜利。1918年6月1日，巴伐

① 即约翰·约瑟夫·潘兴（John Joseph Pershing, 1860—1948），美国历史上的名将，第一次世界大战期间为美国远征军的司令。——译者注

② 贵妇小径，字面意思为"女士之路"。位于法国埃纳省，东西向全长30千米（19英里），建在埃纳河和埃莱特河之间的山脊上。贵妇小径具有重要战略意义，1914年到1918年第一次世界大战期间，成为几次战役的爆发地。——译者注

③ 即斐迪南·福煦（Ferdinand Foch, 1851—1929），法国历史上的军事名将，第一次世界大战末期任协约国总司令。——译者注

利亚王储鲁普雷希特意识到军事形势的严峻，写信敦促首相冯·赫特林[①]立即采取行动，拯救德意志帝国。鲁登道夫继续与协约国战斗，他拥有最高军事指挥权，实质上对帝国进行着独裁统治。鲁登道夫相信运气，相信救世主，认为德军可以削弱协约国的力量，他还低估了美国远征军不断壮大的力量。1918年6月11日，普鲁士战争大臣朔伊希在帝国议会宣布，福煦的预备军已经战败。

德军在第二次马恩河战役中的失败是德意志革命爆发的第一个原因。1918年7月，福煦获胜的消息有力地打击了德意志帝国。1918年7月21日，鲁登道夫宣布，虽然德军的进攻并不成功，但最高指挥很有信心。1918年8月1日，威廉二世宣布："我们知道，最艰难的时刻已经过去。"但协约国持续的胜利无疑使德军总参谋部明白形势已经发生变化。1918年8月13日，奥匈帝国皇帝到德军总司令部讨论二元君主制带来的可怕后果。世界大战不能继续了。

鲁登道夫在回忆录中说，1918年8月8日英军的进攻成功后，他意识到前线阵地随时可能被突破。1918年8月8日就是德军最终战败的开始。然而，1918年8月8日的战斗只是协约国发起总攻的其中一个阶段。德军和总参谋部的动摇是从第二次马恩河战役开始的，而不是从兴登堡防线[②]崩溃开始的。在第二次马恩河战役中，德意志帝国情报部门未能确定福煦后备军在维莱科特雷森林中的位置。1918年7月18日后，德军已看不到胜利的曙光，因此，士气日渐低落。冯·兴登堡说："德军将尽其所能，为德意志帝国和德意志民众赢得和平谈判的基础。目前很艰

① 即格奥尔格·冯·赫特林（Georg Friedich Graf von Hertling, 1843—1919），巴伐利亚政治家，担任过巴伐利亚总理大臣、普鲁士总理大臣和德意志帝国首相。——译者注

② 兴登堡防线，第一次世界大战期间，德军于1916年到1917年冬在西线建立的防御线。兴登堡防线从阿拉斯一直延伸到拉福，靠近埃纳河畔的苏瓦松。1918年9月，协约国在西线发起大规模进攻，突破了兴登堡防线。——译者注

难，但必然会胜利。”然而，德军和德意志民众看不到丝毫成功的可能性，逐渐失去了动力，不愿再继续这场将要失败的战斗。弗赖塔格-洛林霍芬[①]将军说：“德军西线部队无法保卫1918年春获得的胜利成果，不是输在人力方面，而是战术方面。”自停战以来，一些德意志学者坚持认为德军不应该发动1918年3月的进攻，而应该驻守在安特卫普—梅斯防线。鲍尔[②]上校试图解释德意志帝国战败的原因，他明确表示德军应在整个冬天守住防线。然而，1918年9月28日，鲁登道夫计划率领德军退回德意志边境，必要时重新开始战斗。弗赖塔格-洛林霍芬断言世界大战不可能继续了。

德军最高统帅部错估了美国援助协约国将产生的影响，仔细评估了所有可能产生的后果后，决定发动无限制潜艇战。德意志帝国领导者夸大了无限制潜艇战的效果，同时，称只有少数美国援军会在西线出现。冯·兴登堡说，世界大战将在美国援军到达之前结束。鲁登道夫也对无限制潜艇战充满信心。德军总参谋部认为：“美国的军事援助还不确定。美军即使之后真的加入，也无法改变欧洲战场的局势。”1918年1月，海军元帅冯·提尔皮茨说：“美国的军事援助现在没有意义，以后也不会有影响。”1917年，德军总参谋部认为美国的援助无关紧要。鲁登道夫说：“美国的威胁不大。如果德意志民众团结一致，支持德军，德军就能获得胜利。”1918年7月2日，德军总参谋部的报告表明，美国在西线投入八个师，在欧洲共投入十八个师。鲁登道夫最后承认：“毫无疑问，美国愿意将全部力量投入世界大战。”

德意志帝国军事崩溃的一个原因是国内外宣传削弱了德军士气。自

① 即胡戈·冯·弗赖塔格-洛林霍芬（Hugo von Freytag-Loringhoven, 1855—1924），普鲁士将军和军事作家。——译者注

② 即马克斯·鲍尔（Max Bauer, 1869—1929），当时为德军总参谋部的炮兵专家。——译者注

1914年以来，德意志帝国和协约国都试图通过巧妙的宣传，摧毁对方的战斗力。由于1918年春德意志帝国没有发出进攻命令，协约国的宣传降低了德军的士气。1918年5月，德军士兵向军官上交了八万四千份协约国的宣传册，1918年7月，上交的宣传册达到三十万份。宣传册的语气越来越强烈，鼓动德军退出世界大战。其中一些宣传册展现了德军囚犯描写的协约国战俘营中的美食，还有一些宣传册说继续战斗毫无希望。协约国经常在德军前线大量投放再版的与德意志帝国和瑞士相关的资料与宣传册，攻击威廉二世与容克贵族。法国的宣传册指控威廉二世挑起世界大战，鼓励德意志民众建立共和国。宣传册上说，法国不会将投降的人、支持“共和”的人当作战俘对待。

与协约国宣传带来的影响相比，德军失败的更重要的原因在于某些独立社会民主党人试图削弱德军的战斗力。自1918年1月德意志帝国总罢工失败以来，某些独立社会民主党人做出一系列努力，试图推翻德意志军国主义。数千名被派往前线的罢工者在军队发放宣传册。利用假证件伪装起来的逃兵也混在前线军队中。从东线调来的德军见过俄军士兵几乎在一夜之间夺去了俄军军官的权力，因此，对布尔什维克的种种做法印象深刻。从东线调来的德军与少数布尔什维克宣传者为西线德军带来了不好的影响。鲁登道夫感慨道：“当德军与协约国作战时，自上而下爆发的德意志革命给德军致命打击。”协约国和社会民主党的宣传加剧了德军士兵对军官的怨恨。到1918年11月，德军士兵普遍仇视军官。当然，没有任何一个国家的军队可以打持久战。德军老兵对军官的怨恨最终导致德军士兵普遍的不满。

由于协约国持续胜利、德军士气下降、保加利亚瓦解[①]，其他同盟国面临失败，1918年9月28日，德军总参谋部认定这场世界大战没有获胜的希望了。鲁登道夫担心战线随时被攻破，德军会战败，就迅速向柏林发出紧急请求，要求政府请求协约国立即停战。当紧急请求发到柏林时，内阁正在改组，更换首相。鲁登道夫发的紧急请求说明其已经精神崩溃了吗？自德意志革命爆发之后，国内对鲁登道夫此举的意义一直有争议。事实上，在巴登亲王[②]成为首相、掌握实权之前，鲁登道夫就向柏林发出了停战请求。1918年10月3日下午，冯·兴登堡和德军总参谋部的一名少校拜访巴登亲王，说明了前线的危险状况。因担心德军的战斗力，鲁登道夫要求停战。德意志帝国政府各部门强烈要求再争取一些时间，但德军明确答复“不行”。在德军单方面施压下，德意志帝国政府开始了停战谈判。鲁登道夫非常独裁，将个人意愿强加给帝国政府。

自1916年8月29日起，德军总参谋部不仅代表着德意志最高军事力量，也是最高政治力量，指挥前线所有战争，并做出各项重要的政治决定。总之，在德军总参谋部，毛奇[③]的继任者们发起了征服战争。鲁登道夫的密探鲍尔上校说，最高统帅部将世界大战性质定义为征服战，反对防御战的说法。海军上将冯·欣策[④]证实，直到1918年8月，德军总参谋部也未能就放弃附加条款、完全收复比利时达成一致。在德军总参谋

① 1918年9月，受布尔什维克反战宣传、国内局势动荡等因素影响，保加利亚军队士气低落，在与英军和法军的战斗中失败撤退。协约国军队进入保加利亚。1918年9月29日，保加利亚签署停战协定，向协约国投降。——译者注

② 即马克西米利安·冯·巴登（Maximilian von Baden，1867—1929），1918年10月3日至11月9日任德意志帝国首相。——译者注

③ 即赫尔穆特·约翰内斯·路德维希·冯·毛奇（Helmuth Johannes Ludwig von Moltke，1848—1916），又称“小毛奇”，德意志帝国陆军大将，曾任德军总参谋长。第一次世界大战初期，他主持“施里芬计划”，主张速战速决，计划失败后被解除职务。——译者注

④ 即保罗·冯·欣策（Paul von Hintze，1864—1941），德军海军军官，外交家，曾任德意志驻华公使。——译者注

部垮台前，冯·兴登堡说："西线并不脆弱。"因此，可以说，外敌协约国的政策加上德意志帝国国内动乱将德意志帝国推向了毁灭的深渊。直到1918年10月17日，鲁登道夫仍然要求全面维持无限制潜艇战。

停战后，关于德军崩溃和德意志革命爆发的原因，德意志帝国国内存在巨大争议。鲁登道夫、军国主义者及很多泛日耳曼主义者都试图解释世界大战失败的原因。德意志军国主义者认为在最后时刻，国内不支持德军，反倒发动德意志革命，在"背后捅刀子"。泛日耳曼主义者直接告诉德意志人，鲁登道夫要求与美国总统威尔逊谈判是因为德意志帝国的政治形势很糟糕。他们嘲笑鲁登道夫紧张到了崩溃的程度。第七军司令冯·伯恩发表声明称，帝国的崩溃是由德意志人和国内原因造成的，而不是因前线部队的失败。鲍尔上校天真地说，有必要提出和平要求，并向德意志人解释协约国不是毫无理由地同意停战。鲁登道夫也提出类似看法，让人吃惊。甚至弗赖塔格-洛林霍芬也说："德军并不是因协约国的优势和军事打击而失败，众所周知，德军败于其他方面。"然而，他承认，德意志人认为军国主义导致了世界大战中德军的失败。

停战后，谢德曼公开抨击鲁登道夫使世界大战延长、没有与协约国签订公平的和约，而是像赌徒一样带领德军走向最终失败。鲁登道夫的"我认为自己是冒险家"的说法也遭到抨击。德意志革命政府证实，1918年10月1日下午，鲁登道夫要求开始和平谈判，同时，承认前线随时可能崩溃，并告诉佐尔夫前线可能无法坚持三个月了。除了右翼组织，其他各方对德意志革命政府的这种说法都感到满意。独立社会民主党领袖哈泽说，在一次秘密会议上，副首相冯·派尔[①]透露的消息让德意志帝国领导者大吃一惊：德军处于崩溃的边缘，统帅冯·兴登堡和鲁

① 即弗里德里希·冯·派尔（Friedrich von Payer, 1847—1931）。——译者注

登道夫要求政府尽快与协约国达成停战协定。与社会民主党一样，独立社会民主党对即将到来的军事失败也毫无准备。

1919年夏，德意志革命政府最终发布了白皮书，说明停战的原因，以打击保守派和君主制拥护者的宣传，为革命政府签署停战协定、承认失败的做法做出解释。通过白皮书可以看出，面对协约国军队的不断推进，德军最高统帅部完全陷入无助的境地，只有停战才能使帝国军队避免历史上前所未有的失败。1918年夏，德意志帝国的军事形势实难预测。

在军事方面，只有军队具有反抗精神，革命才能成功。否则，即使已有政权存在缺点，军队也会一直阻止通过革命改变政权。德军统帅未能按计划获得世界大战的胜利，就可能导致革命爆发，这一点所有人都清楚。德军战败同样意味着资产阶级自由生活秩序的失败，报纸开始宣传社会主义，宣传内容涉及政治、社会、经济管控及权力等各个方面。和平宣传的失败、军事战败及国内的恶劣局势，使德军失去了1914年世界大战之初的士气，失去了为正义而战的想法。

迫于军事压力及和平需要，德意志帝国政府向美国总统威尔逊求助，希望通过“十四点计划”减少世界大战的破坏性。德意志帝国政府接受了威尔逊提出的和平条件，而这些条件正是帝国政府和民众曾经公开嘲笑的，这表明德意志帝国已经没有其他办法。关于向威尔逊求助一事，格勒纳[①]将军写道：“无论如何，我们对他的期望从未减少过。”

第2节　内部的瓦解

1918年秋，在协约国军队的持续打击下，西线德军的士气崩溃，放

① 即威廉·格勒纳（Wilhelm Groener, 1867—1939）。——译者注

弃了抵抗。在经历了长达四年的虚假希望、生活困难、社会倒退、经济凋敝和道德沦丧后，德意志帝国放弃了不平等战争，从而导致帝国内部的瓦解。自从这个国家因认为自己受到了攻击而以极大的热情投入战争以来，国家内部的瓦解就更迅速了。从支持世界大战的社会民主党到兴奋地喊出“成王败寇”的泛日耳曼主义者，整个德意志帝国在最后一任皇帝威廉二世的领导下，最终陷入被动的局面，帝国内部开始瓦解。

在世界大战的准备方面，德意志帝国尽管比协约国更有优势，但一开始就犯了很多错误。在东线进攻俄军的同时，德军单方面采用“施里芬计划”[①]进攻法国，最终失败。失败的原因并不在于计划由厄庇戈尼[②]实施，而在于德军力量不够强大，并且遭到法军的猛烈抵抗。德军误以为世界大战将很快结束，因此，为了迅速获得胜利，第一年浪费了大量的人力和物力，但奥地利、保加利亚和土耳其的军事力量并没有德军总参谋部报告中提到的那么强大。

随着世界大战的继续，德军总参谋部的权力越来越大，超过了首相贝特曼-霍尔韦格领导的政府。在凡尔登战役和索姆河战役战败及罗马尼亚加入世界大战之后，德军总司令部成为中欧最高军事政治权力机构。德意志帝国缺少俾斯麦这样的铁血宰相来处理世界大战带来的危机。在军事独裁统治下，德意志帝国的政治生活受到影响。在执行大量作战计划与条例的过程中，德军中的不满日益增加，而德军各级指挥官执行政策时没有放权，导致德军管理失去了灵活性。

比政治衰败、军事失败更加严重的是经济崩溃。毛奇在强调农业重要性时说：“如果农业崩溃，德意志帝国将不战而败。”尽管有严格的

① 施里芬计划，第一次世界大战前，德军元帅阿尔弗雷德·冯·施里芬制订的作战计划。此作战计划目标是应付东线俄军与西线法军的夹攻。——译者注

② 希腊神话中，远征底庇斯的七雄的后代，这里指后辈英雄们。——译者注

法律和食物配给制度，并且德军占领区也提供了一些补给，但中欧粮食供应仍逐渐减少。尽管根据德意志帝国官方报道，经济形势并不严峻，但实际情况是协约国的封锁与国内收成不足使中欧处于饥饿边缘。

随着世界大战的继续，在农业方面，德意志帝国出现了缺少劳动力、缺少马匹、缺少肥料与农业机械等问题。德意志帝国政府为此做出的规定不利于合理分工，强制执行的高价政策导致了违禁品贸易和走私的增加。很多批评者说，保守的泛日耳曼主义农业体系在战时食物配给方面的失败可能比政治军事领导方面的失败更加严重。协约国的封锁切断了德意志帝国的海外原材料供应，导致其储备物资逐渐枯竭。这些因素对德意志帝国工业的影响显而易见。然而，武器和弹药工厂的迅速发展在一定程度上缓解了这种情况，并推动了战争工业的发展。为了争取更高的工资，工人多次罢工，这使德意志帝国局势更加严峻。持续的经济动荡激起了阶级仇恨。

从经济角度看，世界大战中，德意志帝国最致命的做法是采用了兴登堡计划。这一计划旨在从德意志民众身上榨取最后一点金钱，其虽然短时间内似乎使战争工业满足了军事当局的要求，但最终导致了经济崩溃。战争工业的工资飞速提高，而在非经济区建立工厂导致人口迁移和生活水平的改变，这使工人阶级面临危险。

1916年年底，德意志帝国的政治衰落显而易见。和平攻势及与威尔逊的谈判显示了德意志帝国政府政治方面的无能，这在欧洲现代史上都很少见。1917年1月，德意志帝国政府中只有一部分人认为有必要通过谈判获得和平。当时，佐尔夫并不同意对比利时的赔偿，直到1918年8月才接受。威尔逊提议的“没有胜利的和平”，原本可以维护德意志帝国的完整，但帝国政治家们的外交政策破坏了帝国在国外的道德信誉。1917年1月29日，经鲁登道夫和冯·兴登堡批准，德意志帝国首相贝特曼-霍尔韦格发电报给伯恩斯托夫[①]，告知德意志帝国的和平条件，并指示他将和平条款及无限制潜艇战的相关内容传达给威尔逊。德意志帝国提出的停战条件包括帝国在东西线吞并更多领土，并继续进行殖民扩张。德意志帝国政府的做法得到了包括社会民主党在内的帝国各政党的支持。谢德曼告诉鲁登道夫，他不反对必要的领土吞并，也不反对拟定的战争赔偿。因此，在军事独裁者的命令下，无限制潜艇战的采用成为德意志帝国政治全面崩溃的前奏。

德意志帝国主要是被泛日耳曼主义者、祖国党成员和兼并主义者摧毁的，他们把帝国的军事目标扩展为征服世界。戈泰因称："道德沦丧的罪魁祸首是要求征服世界、玷污纯粹的国家防御思想的那些人。"从1914年8月初到1918年11月德意志革命爆发，德意志帝国到处是兼并主义者的宣传册。这些宣传册有意无意地篡改事实。在这样的环境下，大量描写世界大战起因的文学作品应运而生。德意志帝国宣传人员有技巧地掩盖前线战争的性质，为了德意志帝国的利益，大肆歪曲无限制潜艇战的实施与美国加入世界大战的原因。

早在1915年，德意志帝国大型经济组织就致力于兼并，由土地所有者联盟、德意志工业中央组织、工业联盟、德意志农民联盟和德意志中产阶级联盟共同递交给首相贝特曼-霍尔韦格的研究报告中有记载。报告要求通过兼并，确保德意志帝国经济的未来。迈内克、舍费尔和舒马赫等知识分子后来也赞同兼并计划。兼并要求的提出加速了德意志帝国的崩溃。在德意志帝国宣传人员中，哈登于1915年提议进行无限制潜艇战，并推荐冯·提尔皮茨担任帝国首相。泛日耳曼主义者的主要要求包

① 即约翰·海因里希·冯·伯恩斯托夫（Johann Heinrich von Bernstorff, 1862—1939），德国政治家，1908年到1917年任德意志帝国驻美国大使。——译者注

括：进行无限制潜艇战，向俄国边界扩张，发展“中欧”构想[①]，征收巨额战争赔款，争取建立更大的殖民帝国。德意志帝国不允许比利时重新独立，因此，德意志帝国对比利时的经济控制非常重要，以防协约国控制比利时。其他宣传者认为，佛兰德斯和瓦隆大区应该成为德意志帝国的独立保护区。德意志帝国直接控制佛兰德斯海岸。阿尔萨斯—洛林要求自治，不支持泛日耳曼主义。世界大战期间，泛日耳曼主义者强烈要求消除法国在阿尔萨斯—洛林的影响。泛日耳曼主义者态度强硬，强烈谴责帝国议会的和平决议。他们指责《国际歌》是敌人的工具。1917年9月，卡普、冯·提尔皮茨、冯·旺根海姆等人创立了德意志祖国党，在兼并与赔偿要求方面超越了之前所有支持世界大战的党派。祖国党赢得了许多受教育阶层的拥护，但人数众多的中产阶级和无产阶级并不支持祖国党的疯狂计划。

与泛日耳曼主义者相对立的是独立社会民主党。世界大战中期之后，独立社会民主党的发展成为德意志帝国灭亡的重要原因之一。独立社会民主党的政策原本严格遵循马克思主义，到1918年带有明显的革命性质。独立社会民主党从社会民主党的一支发展而来——1914年投票时，这部分社会民主党人反对世界大战，认为世界大战会毁灭德意志帝国。从1917年夏季起，独立社会民主党的领导者计划通过革命推翻德意志帝国。1917年，在罢工的工人中，尤其是金属加工业的工人中爆发了革命。1917年，退出社会民主党的一部分人在哥达召开会议，成立了德意志独立社会民主党，并迅速发展为激进的社会主义政党。独立社会民主党攻击社会民主党，称社会民主党是为扩张主义者服务的。独立社会

① “中欧”构想，原文“Mittel Europa”，原意指中欧，此术语在欧洲各地具有不同的文化、政治和历史内涵。德意志帝国时期的“中欧”构想主要指建立泛日耳曼主义的帝国，由德意志控制中欧地区，实现经济和文化霸权。——译者注

民主党的领导人积极参加了1918年1月的大罢工。罢工失败之后，更多人开始反对帝国政府。独立社会民主党称："在世界大战期间，任何反对德意志帝国军事政策的人都要被送进牢房、监狱或战壕。"

在大多数德意志政党的有效支持下，德意志帝国政府残酷镇压了1918年1月的罢工。当时，这些政党都认为德意志帝国会获得胜利。独立社会民主党则认为，只有工人武装起来，才能使国家摆脱帝国主义和资本主义的威胁。独立社会民主党的领导人之一巴尔特组织了革命委员会，购买武器，并与苏维埃俄国驻德意志帝国大使越飞达成合作。1918年11月9日，巴尔特宣布："我从共产主义者那里为革命的宣传准备筹集了几十万马克[①]。"

马格德堡的独立社会民主党领导人法特夸口说自1918年1月25日以来，德意志革命就一直在酝酿中。尽管保守派坚持认为很多人都密谋反对德意志帝国，但没有证据证明。作为政党，独立社会民主党在德意志革命爆发之前，都未曾组织过任何革命活动。根据独立社会民主党主席哈泽的陈述，他于1918年11月9日首次得知巴尔特为即将到来的无产阶级革命购买了武器。独立社会民主党全国委员会与越飞没有任何联系，只进行自己的宣传。直到1918年10月23日，在柏林举行的会议上，独立社会民主党才讨论了关于为即将到来的革命做准备的问题，部分独立社会民主党领导人反对革命。

尽管世界大战会带来牺牲，但泛日耳曼主义者仍要求继续战斗，这会使已经厌倦扩张的国家走向绝望。在1918年1月的罢工失败后，独立社会民主党希望用武力推翻德意志帝国。然而，德意志帝国内部的崩溃不是因为某个政党的计划，而是由于其他原因。

① 马克，德意志货币单位。1873年，德国马克开始发行。第一次世界大战爆发后，德国为应对战争，大量印制纸币，由黄金储备做保障，史称纸马克。此处指纸马克。——译者注

1918年，德意志帝国经历了四年战争后，舆论逐渐反对帝国政府。德意志城市的中产阶级、小官员和工人过着朝不保夕的生活。由于交通中断，政府向居民供应煤炭越来越困难。城市缺少电灯，电力供应也不足；乡村缺少煤油。1918年，政府规定实行无肉周，严格控制食品。更严重的是，违禁品贸易迅速发展，尽管帝国货币贬值，但城市的富裕阶层和官僚阶层还是能从乡村获得黄油、鸡蛋和面粉。仇富情绪与日俱增。德意志民众普遍谴责主战派，指责这些主战派只考虑自身利益。德军下达的很多军事命令互相冲突。公共道德水平和道德标准下降。德意志官员阶层曾经忠诚可信、工作高效，但如今日益堕落，说明帝国国内形势严峻。

当大型工业集团只关注巨额红利时，社会民主党报纸讽刺地提醒它们应关注德意志民众日益增加的痛苦。在世界大战中，很多家庭的必需品被强制上交。中产阶级家庭的门把手、避雷针、黄铜窗帘杆和铜器均被没收。农民的房屋被搜查，必需品被没收。像所有经历过战争的国家一样，德意志帝国奸商猖獗，贪污、贪财现象随处可见。

德军胜利时，人们还能尽力忍受国内出现的问题，但军事形势转变后，人们就筋疲力尽，无法忍受了。帝国政府意识到了危险，便通过巧妙的宣传来提高日益衰弱的士气。1918年8月20日，佐尔夫发表讲话，内容是关于德意志帝国参加世界大战的目的及收复比利时。1918年8月22日，在庆祝巴登大公国宪法一百周年之际，巴登亲王向巴登议会发表演讲。

与此同时，协约国在西线的进攻使德意志帝国认识到军事形势很严峻。英国在康布雷的胜利迫使冯·兴登堡于1919年9月4日发表声明。他提醒德意志人不要相信协约国的宣传，称尽管有美军加入，德军也能在西线获得胜利。当天的新命令是“保卫自己、保卫德军、保卫德意志帝国”。1918年9月5日，鲁登道夫宣布他能够对付美军，德意志皇储说“胜利”一词意味着德意志帝国能保护自己，不会战败。

威廉二世在埃森的克虏伯工厂对工人的讲话已经表明德意志帝国内部的局势确实岌岌可危。在极富感染力的讲话中，威廉二世号召工人团结起来，但埃森工人对他的支持并不代表德意志帝国的无产阶级都支持他。1918年9月12日，副首相冯·派尔在斯图加特宣布，德意志帝国内部不会瓦解，并将大力推进普鲁士民主改革。然而，德意志人对废除普鲁士三级选举制①并不满意。危急时刻，容克与保守党不愿做出承诺已久的让步——他们曾于1917年阻止威廉二世宣布的复活节计划。因此，越来越多的人要求组建新内阁接管权力，并开始推进一直延迟的德意志民主化进程。1918年9月14日，奥地利发起和平攻势，极大地打击了德意志帝国。这表明德意志帝国政府并不了解其盟国真实的情况。在保守党和社会民主党的攻击下，首相冯·赫特林的地位开始动摇。

一旦德意志帝国各政党领袖获悉西线即将崩溃的消息，旧君主制度必定垮台。如果德意志帝国要继续战斗，就必须得到帝国政府的支持。然而，奥伊肯②指出，一切罪恶的根源在于缺乏强大的国家意志和内部稳定。

1918年9月下旬，自由党和天主教政党的计划是摧毁德军总司令部的军事独裁，实现帝国和联邦各州的议会化。这些政党邀请社会民主党加入，承担帝国政府的部分职责。社会民主党接受邀请的条件是废除宪

① 三级选举制，1851年，普鲁士国王腓特烈·威廉四世（1840年到1861年在位）制定的选举制度。该制度规定议会分为上下两院，上院由国王任命显贵构成，下院由选举产生，所有选民根据纳税情况分为三个等级。容克贵族和大资产阶级虽然人数较少，但能够选出的复选人与其他等级人数相同，从而保证其在下院的优势。——译者注

② 即鲁道夫·克里斯托夫·奥伊肯（Rudolf Christoph Eucken，1846—1926），德国哲学家，曾获1908年诺贝尔文学奖。——译者注

法第九条，即禁止社会民主党参与帝国议会和联邦议会，并在政府获得重要职务。随后，社会民主党在其机关报《前进报》上提出了最低要求：帝国政府承认1917年7月19日的帝国议会决议；明确宣布比利时政策；修订《布列斯特—里托夫斯克和约》[①]和《布加勒斯特条约》[②]；同意阿尔萨斯—洛林完全自治；实行普遍直接选举和无记名选举权；解散普鲁士议会；建立由帝国议会多数人支持的代议制政府；废除宪法第九条；集会和出版自由；限制对军事事务的审查。

社会民主党的要求导致内阁改组，更换首相，因为保守党首相冯·赫特林此前拒绝了阿尔萨斯—洛林自治，拒绝废除宪法第九条，在普鲁士改革问题上也一直拖延。1918年9月23日，科隆的社会民主党人米尔菲尔德宣布，由于冯·赫特林没有与旧政府决裂，社会民主党不会加入他所领导的政府。24日，冯·赫特林论述了帝国局势，但并未做出让步。然而，26日，他承诺下一阶段将针对社会民主党和保守党的意见，做出前所未有的调整。德意志帝国的外交事务遭受了重大打击。马其顿防线[③]突然瓦解。25日，保加利亚王国首相马利诺夫要求与协约国停战。对奥匈帝国、奥斯曼帝国和德意志帝国而言，这是无法承受的打击。29日，保加利亚王国与协约国签署了停战协定。霍亨索伦家族的德意志帝国注定要灭亡。

在巨大的压力下，帝国议会的社会民主党意识到帝国面临着致命的

① 《布列斯特—里托夫斯克和约》，1918年3月3日，苏维埃俄国与同盟国（德意志帝国、奥匈帝国、奥斯曼帝国、保加利亚王国）签订的条约。条约规定双方宣布停战，苏维埃俄国放弃对波兰、立陶宛等地的管辖与主权，并支付战争赔款等。——译者注

② 《布加勒斯特条约》，1918年5月7日，罗马尼亚王国和奥匈帝国、德意志帝国、奥斯曼帝国签订的条约。——译者注

③ 马其顿防线，1915年秋，协约国军队为援助塞尔维亚所建，以抵抗德意志帝国、奥匈帝国和保加利亚王国等同盟国的进攻。——译者注

危险，党内匆忙达成一致意见。1918年9月28日下午，社会民主党委员会举行会议，要求政府同意阿尔萨斯—洛林自治，并废除宪法第九条。首相冯·赫特林原本决定去德军总司令部执行新计划，现在却宣布辞职。30日，冯·赫特林被迫辞职，辞职前提议各政党进行合作，并提名巴登亲王为继任者。

第3节　巴登亲王试图拯救帝国

冯·赫特林下台后，威廉二世和军事独裁者们进行最后一次尝试，希望通过解放帝国来拯救君主制。有两位候选人被提名担任首相一职。副首相冯·派尔是社会民主党的选择，而巴登亲王则是卸任首相冯·赫特林指定的。两位候选人均得到帝国议会的认可。在访问德军总司令部后，巴登亲王被威廉二世任命为首相。

巴登亲王出生于1867年7月10日，是当政的巴登大公弗里德里希二世的侄子，很可能继承巴登大公之位。政治上，巴登亲王提倡自由，批评前任政府，这使民众认为他是位能干又真诚的政治家。1918年8月22日，他在巴登宪法一百周年庆典上的讲话得到了民主党和社会民主党的认可。得到威廉二世同意后，有威望和能力的巴登亲王抵达柏林后决心建立自由君主政体，避免革命的发生。“当我被召到柏林时，”他说，“德军的进攻已经失败，协约国正迈向胜利……德军在世界大战中失败了。”

在首相任命宣布前，巴登亲王就到柏林开始与各政党领导人进行会谈。看到德意志帝国战败后，他希望能拯救国家，使国家免受严苛的和平条款影响。因此，他提出进行国内民主重组，明确参加世界大战的目的，接受国际联盟的构想，在西线崩溃前与协约国开始谈判，保护德意志帝国不受协约国的侵扰。在内政方面，巴登亲王希望避免革命的发生。他计划进行民众呼吁的政治改革，避免民众用暴力推翻政府。这样一来，帝国议会将变得强大，而军事独裁将被废除。

不管巴登亲王最初的政策如何，至少是当时唯一尝试拯救帝国的政策，尽管希望渺茫。由于军事独裁者鲁登道夫的强烈干预，巴登亲王的政策失败了。在他与各政党领导人谈判期间，鲁登道夫于1918年10月1日要求政府在二十四小时内向威尔逊提出停战请求。巴登亲王惊愕万分，极力反对；各政党领导人虽然已经做好必败的准备，还是对德军突如其来的投降倍感失望。最重要的是，在和平计划开始前，巴登亲王已经预感到停战可能带来的严重结果。他向德军总司令部提出异议，建议由新政府制订详细的和平计划。鲁登道夫回应说停战请求必须在二十四小时内发出，即使是旧政府也必须这样做。巴登亲王被迫退让。新政府仓促成立，第一份文件就是寄给威尔逊的停战请求。巴登亲王说："停战请求的结果证明我最担心的事发生了。"停战请求是德意志帝国内外崩溃的信号。

鲁登道夫介入，要求停战，一周后却又懊悔地说判断失误，这说明德军指挥部的军事独裁者完全失去了理智。鲁登道夫的行为不符合他军事领袖的身份。这表明他只是一个热衷政治的将领，也表明军国主义在很大程度上能够毁灭德意志帝国。

1918年10月2日下午，王室召开会议讨论停战协定。巴登亲王持反对意见，他比德军指挥更清楚停战协定的致命影响。由于德军撤退时比较巧妙，协约国并没有完全看出德军士气低落——协约国和德意志帝国都不愿示弱。3日，巴登亲王被任命为德意志帝国首相，受军事独裁者们的威胁，通过瑞士政府向威尔逊发出停战请求。

给威尔逊的停战请求比西线军事失败更让德意志帝国士气低落。德意志民众指责军国主义者多年来隐瞒了真实的军事战况。部分民众称德意志帝国军事指挥很无能。德意志帝国承认战败，使协约国的力量增强。所有关于公正和平的言论都从协约国报纸上消失了。美国报纸要求德军无条件投降。1918年10月9日，德意志民众得到了威尔逊的回复。威尔逊质疑巴登亲王政府的性质，这就在停战涉及的国际问题上增加了一项帝国内部的问题。自此，德意志帝国开始公开讨论威廉二世的退位。

与此同时，协约国的进攻并没有突破德军防线，德军仍在有序撤退。鲁登道夫试图再次影响国内局势，宣布军队可以在西线坚持到冬天，并试图阻止政府与威尔逊继续谈判，但遭到社会民主党反对。巴登亲王决定继续谈判，称收到威尔逊的两份文件后，得到了可靠信息：威尔逊希望限制威廉二世的权力，使其权力与英国国王的权力一样。

随着停战谈判的进行，德意志帝国的民主重组进展迅速。1918年10月15日，联邦议会同意修改宪法第二条，将赋予联邦议会和帝国议会宣战权和停战权。同一天，威廉二世将德军交由巴登亲王指挥。改革导致巴伐利亚州、巴登州和萨克森州都要求修改州宪法。26日，帝国议会通过了帝国宪法修正案。德意志帝国最后一次帝国议会结束。

巴登亲王国内政策的失败主要是因为与威尔逊的停战谈判。巴登亲王战胜了鲁登道夫，获得统治权之后，强大的保守势力阻止威廉二世退位，劝说威廉二世继续担任德军指挥。1918年10月8日，威尔逊给德意志帝国的答复中，似乎要求威廉二世退位，但帝国政府试图通过解释新政府的民主性质来逃避退位要求。22日，巴登亲王在帝国议会发表声明，如果协约国希望世界大战继续，德意志帝国一定战斗到最后。但德意志帝国已经开始相信，必须清除阻止早日实现和平的障碍，接受威尔逊的条件。

1918年10月24日，威尔逊在文件中再次提出威廉二世退位的问题，引发了德意志帝国的危机。保守派拒绝威尔逊的条件，并发表宣言，呼吁民众抵抗协约国。冯·兴登堡称，他赞成要么光荣地取得和平，要么反抗到最后。然而，激进派要求政府接受美国的条件。帝国议会中的波兰人、丹麦人和阿尔萨斯人公开谈论按照威尔逊的十四点计划推翻德意志帝国。鲁登道夫进行了最后的干预，要求政府不能给威尔逊任何答复。25日星期五，在威廉二世的支持下，内阁决定反对鲁登道夫不给威尔逊答复的做法。当天，鲁登道夫最后一次签署德军文件。26日，鲁登道夫对帝国军队的实际指挥权被解除，意味着主战派的失败及普鲁士军队的失败。鲁登道夫被罢免前是独裁者，拥有的权力几乎可以与皇权抗衡。尽管名义上，冯·兴登堡元帅仍然指挥着德军总参谋部，但鲁登道夫下台意味着君主制和德意志帝国军事体系的终结。27日，德意志帝国在给威尔逊的文件中向协约国投降。

1918年10月28日签署的帝国宣言一直到11月3日才公布。宣言宣布建立自由的帝国。威廉二世声明“王室是为德意志民众服务的”。巴登亲王结束了个人执政，成立德意志第一任议会政府，但因威廉二世拒绝退位，巴登亲王的政策失败。因国外形势迅速发展，巴登亲王政策的失败带来了严重后果。奥地利爆发革命[①]，并在1918年10月28日宣布准备与意大利谈判。29日，维也纳派议员前往意大利司令部，但奥地利阵线在停战协定签署前就已崩溃。奥地利哈布斯堡王朝的垮台预示着威廉二世统治的结束。

巴登亲王的政府被推翻，其原因在于德意志民众普遍反对二元君主联邦制。虽然该体制不断得到修正，但允许帝国主义、军国主义和官僚主义长期存在。1918年11月4日，巴登亲王得知德意志帝国水兵在基尔起义。不久，德意志帝国南部莱茵兰、汉萨同盟城市发生起义，这说明

① 1918年，德意志与奥地利同盟战败，奥匈帝国工人运动和民族解放运动高涨，维也纳和布达佩斯等地同时爆发革命，导致奥匈帝国解体。奥地利成立共和国。——译者注

德意志帝国必然要灭亡。

1918年11月4日，新政府发布公告，列出一些举措，包括：废除普鲁士选举法，成立议会政府，帝国议会有权决定参战或停战，首相负责军事管理，大赦政治犯，新闻和集会自由，德意志帝国成为民主国家。公告还说，因为必须保护德意志帝国边界，所以前线需要换防，直到协约国同意和平停战；同时，还将为工人提供就业机会，向失业者提供帮助，改善住房法规。公告最后说："德意志帝国有保障的未来是我们努力的方向。"随后，政府增加了12月1日的面包定额。然而，公告未能平息民众日益增长的不满情绪。大多数德意志报纸赞成威廉二世立即退位。

基尔起义之后，巴登亲王做了最后一次尝试，决定前往总司令部，确保威廉二世自愿退位。艾伯特①承诺在谈判结束前尽力安抚社会民主党。然而，就在1918年11月4日下午，艾伯特和谢德曼向巴登亲王发出了最后警告，声明只有威廉二世退位他们才继续在政府任职。后来，巴登亲王说："这最后的警告迫使我辞职。这意味着我的政策失败，是信念的失败，不是军事的失败。"

1918年11月5日，威尔逊回复了柏林发出的投降协定，告知巴登亲王，已授权福煦元帅与德意志帝国代表达成停战协定。6日，以埃茨贝格尔②为首的德意志帝国代表团离开柏林去前线。8日晚，代表团抵达法兰西线，然后被带到贡比涅以东六英里的雷通德车站。德意志帝国和协约国最终在雷通德车站签署了停战协定。世界大战结束了。德意志帝国

① 即弗里德里希·艾伯特（Friedrich Ebert, 1871—1925），德意志社会民主党人，政治家，魏玛共和国第一任总统。——译者注

② 即马蒂亚斯·埃茨贝格尔（Matthias Erzberger, 1875—1921），政治家。德军战败后，他以外交部部长的身份担任德国首席代表，与协约国谈判，并签署停战协定。——译者注

签署停战协定是因德军战败，无法继续抵抗。无论是主张军事独裁的泛日耳曼主义者，还是主张布尔什维克主义的独立社会民主党，或者是巴登亲王的政府，都会像社会民主党联合政府一样被迫签署停战协定。尽管保守派和自由派都辱骂埃茨贝格尔，但德军战败的责任应归咎于军国主义，而不是外交官和政治家。

第 2 章

革命开始

Beginnings of the Revolution

第1节　水兵起义

德意志革命的前奏是公海舰队水兵起义。公海舰队战斗力强，在日德兰海战中曾对强大的英国大舰队造成威胁，最终却反对德意志帝国，加速了帝国的灭亡。这场令人瞩目的公海舰队水兵起义的起因可追溯到世界大战初期，部分原因可追溯到德意志帝国战略家采取的防御型水兵政策，以及无限制潜艇战计划造成的士气低落。尽管1916年公海舰队水兵士气高涨，但日德兰海战后德意志帝国海军的主要精力转向发展潜艇部队，这导致水兵的士气迅速衰落。

德意志帝国水兵缺乏与美国水兵和英国水兵类似的传统。守卫帝国海岸线的工作单调乏味、令人疲惫不堪，再加上舰队补给不足，导致1917年德意志帝国战舰上发生了大规模起义。虽然与协约国作战的德意志帝国的轻型巡洋舰和驱逐舰上物质条件良好，但舰队中的等级压迫现象严重。舰队官兵之间的关系反映了以普鲁士军国主义为范本的德意志帝国海军的等级观念。在公海舰队水兵起义爆发前的夏天，虽然舰队食物供给得到改善，但仍然可以说起义是由供给不当与等级压迫造成的。1917年，在起义中，几名舰队军官被杀，但德军迅速采取铁腕手段镇压了起义。四十多名水兵被军事法庭定罪，其中十六人被枪决。由于威廉二世的干预，德意志帝国海军当局没有采取更严厉的措施。威廉二世认识到水兵的抱怨是合理的，命令海军上将舍尔宽容地对待叛乱的水兵。应威廉二世要求，十四名水兵被赦免。德意志帝国政府找到了赦免政策的先例，即英国曾在对待斯皮特黑德和诺尔的反叛者①时用过。

1917年起义的水兵中有一部分是独立社会民主党。有关证据表明，从帝国内陆休假归来的水兵在入伍人员中进行了宣传。德意志帝国海军部立即指控独立社会民主党领袖教唆水兵并协助其起义。海军上将冯·卡佩勒在帝国议会正式指控迪特曼、沃格瑟尔和哈泽煽动公海舰队的骚乱。1917年10月9日，在一次精彩的演讲中，哈泽澄清了对自己的指控。

由于威廉二世干涉了对1917年叛乱水兵的惩罚，泛日耳曼主义者私下攻击威廉二世。福斯上将和冯·福斯特纳上尉说帝国赦令破坏了军舰的纪律。整个舰队中反对泛日耳曼主义的宣传广泛传播，尤其是在1918年1月，许多罢工者被派往帝国海岸进行水兵换防后。由于舰队大部分水兵来自德意志帝国的社会民主党选区，泛日耳曼主义的宣传效果大打折扣。宣传人员效仿苏维埃俄国的方法，将越来越多的宣传册偷运到军舰上。虽然水兵与家人的通信受到审查，但他们还是了解到了1918年发生的一系列罢工等革命运动。

尽管经历了损失和失败，德意志帝国潜艇部队的士气仍然很高，但在美国参战之后，整个帝国舰队的士气迅速衰落。无限制潜艇战失败和

① 指法兰西大革命战争期间，英国皇家海军发动的两次兵变，均发生在1797年，但两次叛变性质有所不同。斯皮特黑德叛变是水兵为了改善生活待遇而举行的和平罢工，最终获得成功，水兵的合理要求得到满足。但诺尔兵变采取了激进方式，带有政治原因，以失败告终。——译者注

德军在西线大举进攻的失败让士气更低落。随着世界大战接近尾声，德意志帝国水兵和民众都清楚地意识到，在停战谈判中，英国将会以德意志帝国舰队投降作为谈判条件。1918年10月，泛日耳曼主义者主张派遣德意志帝国舰队与协约国决战；在停战谈判期间，泛日耳曼主义者又主张德意志帝国舰队的使命是战斗，而不是投降。泛日耳曼主义宣传者告诉水兵，不经战斗就放弃舰队是国家的耻辱。“边境总督号”战舰的指挥主张应炸毁舰队，不能将其交给协约国。

德军总司令部和舍尔决定必须用舰队来缓解佛兰德斯的军事局势，结果引发了水兵危机。1918年10月28日，海军司令部命令海军上将冯·希佩尔率领舰队前往比利时海岸保护正在撤退的德军右翼。佩尔西斯坚持认为，向冯·希佩尔发出的指令将引发决战，并导致成千上万德意志民众毫无意义的牺牲。

作战计划其实是事先制订好的。舰队指挥官在亚德湾外围集结中队，准备掩护舰队冲向比利时海岸的潜艇也已备好。舰队刚刚集中在希利格锚地，就有传言说冯·希佩尔要向英国大舰队开战，并拒绝在停战时投降。仅仅是看到德意志帝国战斗标志——“毛奇”号战舰的红色标志，曾参加过日德兰海战的英雄们似乎就吓坏了，因为他们不想继续战斗，执行自杀式命令。战舰上的社会民主党宣传者称攻击英国将与国际社会主义的期望相悖，并且舍尔正努力阻止和平协议的签署。大多数水兵立刻拒绝战斗，因为无论如何世界大战必将结束。私下里，所有水兵商定，拒绝出航。当第一次出海命令下达时，“图林根”号和“黑尔戈兰”号的水兵拒绝起锚。其他战舰的司炉哗变了，宣称：“如果我们驶出黑尔戈兰岛，战舰就要被毁了。”冯·希佩尔虽然多次尝试命令舰队出发，但都失败了。

水兵们赢得了第一次胜利，整个舰队也恢复了表面的秩序和纪律。

许多德意志帝国海军军官支持水兵。水兵虽然没有从军官手中夺取军舰控制权，但成立了水兵委员会，发放红袖章，并准备在有利时机进行大规模起义。1918年11月6日上午，威廉港爆发水兵起义。

希利格锚地的水兵起义仅仅是德意志革命的前奏，因为起义者没有政治纲领，只是试图自保，不愿执行所谓的牺牲舰队的计划。然而，获得首次成功后，起义者很快开始制定政治策略和革命政策。起义领导人被捕时，水兵们秘密计划在1918年11月5日发动全面起义。

佛兰德斯行动失败后，舰队被派往各地。第一中队奉命前往易北河，第四中队前往亚德湾。派往基尔的第三中队在基尔领导了起义，推翻了德意志帝国在海岸线的统治。1918年11月2日星期日，第三中队的水兵聚集在基尔的工会大厦，投票决定释放被囚禁的同伴。尽管第三中队指挥官下令发出警报信号，但没有水兵回到船上。11月2日晚，一队水兵在演习场上举行了示威游行，并列队进入市中心，遭到守卫们的射击。基尔水兵立即进行武装，并于4日上午占领了基尔火车站，以对抗帝国政府驻军步兵团。基尔的政府官员无力阻止。起义很快就蔓延到基尔港的所有军舰。基尔造船厂里拥护社会民主党的工人加入了起义水兵。起义领导者组成代表团，与水兵一同前往基尔政府官员的办公室。起义者提出最终要求，包括以下十四条：释放所有政治犯；完全实行言论自由；废除水兵审查制度；军官善待士兵；赦免所有起义者；禁止舰队在任何情况下出海；避免内战；所有不属于驻军的部队撤出基尔；承认水兵委员会的权力，并保护私人财产；水兵非执勤时不受军事礼节约束；水兵非执勤时完全享有人身自由；对不接受水兵委员会条例的军官予以免职，无须补偿；免除水兵委员会所有成员的任何责任；同意水兵委员会之后发布的命令。起义者要求基尔政府认同以上十四条要求。

早在海军上将苏雄见到代表团前，他就将起义的消息通知柏林，并奉命避免进一步流血冲突。同时，帝国政府将派两名代表到基尔负责此事。因此，基尔的政府官员迟迟不肯接受水兵的要求，说其中一部分要求为政治要求，超出了他的管辖权。最后，基尔的政府官通知代表团，帝国政府的两名代表将于1918年11月4日晚抵达基尔，至此起义暂告一段落。

大批起义的基尔水兵与社会民主党初步商议之后，前往火车站迎接帝国政府代表豪斯曼和诺斯克。两名代表到达后，迅速与水兵委员会达成协议。双方唯一有争议的是释放囚犯的问题。1918年11月4日晚，水兵委员会发布通告，称豪斯曼接受了水兵的要求，并承诺政府将立即执行；将取消针对水兵的军事措施；水兵委员会将与帝国海军共同管理舰队；水兵委员会将审查被逮捕者的材料，但因不当行为而被判刑的除外。哈泽和莱德布尔被迅速召到基尔，参与审查被捕的士兵。11月4日晚，在一场大型会议上，诺斯克发表讲话，宣布将很快签署停战协定，水兵必须遵守纪律。演讲结束时，水兵高呼："共和国万岁。"

基尔水兵起义获得了胜利。1918年11月4日，帝国政府派出的四个步兵连中，三个加入起义队伍，一个被解除武装。基尔水兵称这一天是万兹贝克骑兵[①]溃败的日子。5日，起义者占领了战舰并悬挂红旗。有几艘轻型舰拒绝加入起义队伍，结果立即遭到炮击。干船坞的"国王"号战舰的舰长和一名中尉在保卫帝国军旗时丧生。忠于威廉二世的潜艇逃出基尔港。军官们被解除了武装，水兵们拿下了军官帽上的红色帽徽。威廉二世的弟弟普鲁士的海因里希亲王逃走。5日上午，海因里希亲王的军旗已从皇家城堡的塔楼上消失。

① 万兹贝克骑兵，最初于1803年，由汉诺威王朝建立。1866年，在与普鲁士王国的战争中，汉诺威王国失败。骑兵团被并入普鲁士第十五军，1871年骑兵团被派往万兹贝克市，因此，也被称为万兹贝克骑兵团。——译者注

最初的水兵起义随后演变成大规模的革命运动。在德意志沿海城镇，无产阶级也开始了革命。汉堡伏尔坎造船厂[①]的工人决定1918年11月5日上午举行罢工。在社会民主党领袖回复工人提出的要求之前，造船厂的工人决定冷静等待，推迟罢工。11月5日晚，独立社会民主党举行了一次会议。会议开始前，士兵和水兵代表出现在了会议现场。在这次会议上，刚被帝国政府释放的独立社会民主党领袖迪特曼是主要发言人。他说威廉二世将会退位，未来的共和国将实行社会民主主义制度，以巴登亲王为首的现政府将成为笑柄。汉堡独立社会民主党人杜威尔要求立即宣布成立共和国，公布革命官方文件，立即宣布汉堡的工人罢工，以支持基尔的工人。

1918年11月5日晚，一队罢工工人解除了汉堡城中德军军官的武装，从士兵身上取下徽章，并阻止休假的士兵返回前线继续战斗。6日，战舰抵达汉堡港。伏尔坎造船厂的工人罢工，在圣灵场举行了大型集会。士兵委员会等着冯·法尔克将军出现，但他因害怕对革命者使用武力而逃离了汉堡。就在基尔起义的前几天，冯·法尔克说："帝国秩序井然，不可能发生内乱。"在汉堡的工会大厦，汉堡指挥官终于接受了士兵委员会的要求。革命军事力量控制了这座城市。汉堡的《回声报》改为《红旗报》，成为工人士兵委员会的机关刊物。

不来梅的起义也获得了胜利，并且没有出现流血牺牲。几个星期以来，不来梅一直为延长选举权的问题而焦虑。在威廉港水兵起义后，1918年11月6日，独立社会民主党决定实行普选。6日上午，一百名起义者从威廉港被押送至位于阿勒尔河的雷特姆的监狱。工人们很快就释放了这些起义者。不来梅的守军也加入了工人的行列。工人士兵委员会立

① 伏尔坎造船厂，1851年，伏尔坎造船厂成立于波兰奥得河沿岸的什切青，主要为德意志帝国海军服务。为扩大规模，1907年到1909年在汉堡设立了新厂。——译者注

刻成立。不来梅驻军指挥官莱曼上校与起义者达成协议，由自己和两名军官、士兵委员会的四名士兵行使军事权。不来梅的德军军官可以保留武器和徽章。不来梅大教堂的钟声敲响，以庆祝工人们的胜利。7日，工人们列队穿过不来梅，并设置岗哨，以防政府派军队镇压革命。

1918年11月5日，曾为汉萨同盟三大城市之一的吕贝克爆发了革命。德意志军舰和驱逐舰上的水兵登陆吕贝克，占领了火车站，逮捕了城市指挥官和主要官员，将他们拘禁在一家旅馆。驻守吕贝克的德军加入水兵队伍，并于当晚与水兵成立了士兵委员会并宣布："从现在起，一切力量都掌握在我们手中。我们在此宣布，将通过革命帮助前线和国内的同伴。必须彻底肃清之前的腐败和军事独裁。我们起义的目的是确保尽快停战与和平。"士兵委员会还采取措施维持工业秩序，防止抢掠，保障食品供应，将供应权交给民事部门。

作为最初发生兵变的地方，威廉港也于1918年11月6日爆发了革命。11月6日，六万多名水兵和造船厂工人在威廉港举行示威活动。威廉港驻军指挥官与起义者士兵委员会代表进行了谈判。

水兵起义不仅在德意志帝国主要沿海城市获得了胜利，还蔓延至小城镇和水兵基地。1918年11月5日，停在基尔运河西端布伦斯比特尔的"波森"号、"奥斯特弗里斯兰"号和"拿骚"号战列舰上的士兵加入了起义，占领了奥斯特莫尔的无线电台。6日，士兵们控制了库克斯港、伦茨堡、瓦尔讷明德、罗斯托克、不来梅港和基斯滕多夫等城镇、港口。罗斯托克的工人罢工；什未林的第八十六营的士兵与福克工场的工人一起推翻帝国的统治。

1918年11月的第一周结束时，在汉萨同盟的独立社会民主党的支持下，水兵起义在德意志帝国沿海城镇获得胜利。一开始，水兵没有政治目的，后来才开始反抗巴登亲王领导的议会制政府。当沿海起义成功的消息传到帝国内陆后，随之而来的是各个城镇的起义。在德意志帝国北部许多城市，水兵的到来标志着起义的开始。虽然独立社会民主党为之后的起义进行过多次计划，但武装士兵和水兵到来，成为起义领导者发起革命的关键条件。水兵摧毁了德意志帝国北部的皇权统治。1918年11月9日，当舍尔提议威廉二世继续担任舰队司令时，这位曾担任大西洋海军上将的威廉二世失望地回答："我已经没有水兵了。"冯·提尔皮茨说："德意志民众不了解大海。在决定命运的关键时刻，德意志帝国没有使用舰队。"

第2节　巴伐利亚革命

除了水兵起义，巴伐利亚爆发革命是德意志帝国灭亡的另一个决定性因素。巴伐利亚是德意志帝国南部最大的州。持续的战争、经济逐渐衰退及巴伐利亚不认同普鲁士军国主义，这些因素导致了巴伐利亚爆发革命。自1918年1月的总罢工失败以来，巴伐利亚革命运动一直在酝酿着。世界大战期间，人们对普鲁士的仇恨增加，也仇视被视为普鲁士同谋的巴伐利亚统治阶级。巴伐利亚国王路德维希三世未能使巴伐利亚远离世界大战。巴伐利亚的知识分子正为革命做准备，而社会民主党与独立社会民主党正密谋推翻君主制。尽管大多数巴伐利亚人信仰天主教，但罗马天主教教会未能阻止巴伐利亚的革命运动。

巴伐利亚革命领袖是可敬的独立社会民主党作家艾斯纳。艾斯纳有犹太血统，1898年到1905年在《前进报》编辑部工作，但之后由于不太赞成社会民主党的政策而被解雇。他参加了1918年1月的罢工而被判入狱，直到巴登亲王颁布大赦令后才获释。艾斯纳不仅是独具风格的宣传家，还具有政治家风范。他深信德意志帝国发动世界大战是有罪的，普鲁士要对持续的世界大战负责，并主张用武力推翻帝国制度。

1918年11月3日，星期日，艾斯纳呼吁召开会议，抗议世界大战的持续进行。数千人聚集在一起谴责帝国政府。会议结束后，一群人到斯塔德海姆监狱去解救在一月罢工中被捕的工人。11月3日傍晚，从莱比锡发来电报，命令释放被捕工人。当天，勇敢的巴伐利亚民众为共和欢呼。

1918年11月5日晚，社会民主党召开了两次会议，抗议泛日耳曼主义者继续世界大战的要求。由于参会人数众多，无法安排进两个会议大厅，社会民主党领导人把会议改在特蕾莎草坪。在晴朗的夜空下，演说者们强烈抗议，指责封建制度摧毁了德意志帝国。社会民主党和独立社会民主党都同意对帝国政府采取联合行动——帝国政府太软弱，既不向革命者让步也不用武力拒绝革命者的要求。《慕尼黑邮报》呼吁除负责粮食运输的人之外，所有慕尼黑居民于7日在特蕾莎草坪召开会议。集会的主要目的是要求威廉二世退位。7日星期四下午，十万多人聚集在特蕾莎广场巨大雕像前的草地上。在慕尼黑民众的欢呼声中，十二位演说者要求威廉二世退位。集会结束后，民众列队向和平天使纪念碑行进，而在场的士兵则列队前往军营，准备释放被指挥官关在营房的同伴。

起义士兵到达古尔丁学校营房，释放了被关押的同伴。起义随之开始。慕尼黑驻军夺取了指挥官的权力后，加入了起义队伍。1918年11月7日下午，起义队伍占领了马克西米利安二世的兵营、马斯菲尔德兵营和蒂肯费尔德兵营，释放了两百五十名因起义被捕的士兵。起义士兵坐在挂着红旗的机动卡车上到街上巡逻。士兵和工人不费吹灰之力就控制了慕尼黑。他们占领了火车站、电话和电报局、陆军总部、政府部门及《慕尼黑最新新闻》办公室。

在艾斯纳的领导下，工人和士兵选出代表，在马萨瑟啤酒厂成立了革命政府。1918年11月7日晚，革命政府占领了议会大楼，并在那里举行了第一届革命委员会会议。会议有工人、士兵和农民参加，由艾斯纳主持，会议迅速宣布成立巴伐利亚共和国。慕尼黑驻军正式加入了共和运动。

1918年11月9日早晨，醒来的慕尼黑民众发现城墙上贴着巴伐利亚自由州工人、士兵和农民委员会的公告。公告宣布，新政府将召开国民议会，致力于实现公正和平，支持建立国际联盟的计划，并进行根本性的社会、经济和政治改革。工人、士兵和农民委员会发布了一项公告，宣布成立新政府，呼吁巴伐利亚的农业人口与新政府合作，尤其是保障城市食品供应方面的合作。虽然新政府完全由社会民主党领导，但新政府声明在国家生产力低迷之际，不会将巴伐利亚的工业交给德意志帝国管理。

巴伐利亚王国的垮台证明了旧政府的软弱。1918年11月7日下午，巴伐利亚国王路德维希三世和公主们正在英式花园里散步。一位平民建议他回皇宫去。路德维希三世一回到皇宫，就被大臣告知起义者已经宣布成立了共和国。路德维希三世及家人急忙收拾行李坐车离开，离开时已经没有守卫跟随。13日，路德维希三世正式退位，未采取任何武力手段维持君主制。临时政府发布公告，宣布路德维希三世退位后，他和王室如果不攻击新共和国，就可以像其他自由公民一样留在巴伐利亚。

1918年11月8日，巴伐利亚共和国成立，标志着俾斯麦建立的德意志帝国和中世纪以来一直存在的德意志联邦君主制的崩溃。正如艾斯纳之前谴责巴登亲王政府时说的一样，慕尼黑政变表明，要么整个德意志帝国必须革命，要么巴伐利亚将单独与协约国缔结和平协议。艾斯纳成功发动了政变，他是理想主义者，有外国血统，但在慕尼黑独立社会民主党的帮助下，控制了信奉天主教的巴亚利亚。9日上午，艾斯纳的巨大成功使德意志民众感到无比震惊，他的成功预示着德意志激进主义的成功，预示着激进主义和社会主义战胜了帝国的保守派。

第3节 起义的蔓延

德意志帝国舰队的起义导致汉萨同盟城市及奥尔登堡、梅克伦堡和普鲁士的海岸城镇成立了革命政府，而向德意志帝国内陆挺进的一部分水兵在德意志帝国的北部各州成立了工人士兵委员会。在莱茵兰，起义军控制了大城市科隆。汉诺威和马格德堡宣布成立议会制共和国，这威胁到了德意志帝国军队的交通线。然而，水兵起义及其影响是有限的，单凭水兵起义不能推翻帝国。

慕尼黑社会民主党的政变推翻了巴伐利亚的君主政体，为德意志革命发出信号。1918年11月8日，萨克森州、巴登州、符腾堡州、黑森—达姆施塔特州和图林根州等州的主要城市公开起义。革命者陆续包围了属于君主政体的联邦各州。旧秩序已无力维持。德意志帝国军事战败后爆发的一系列革命导致俾斯麦建立的帝国彻底瓦解。然而，在君主统治消失之后，帝国政府和几个州政府继续履行其职能。9日，德意志帝国灭亡。革命已经推翻或削弱了各联邦君主制，整个德意志帝国都在等待柏林发出信号，从而完全废除旧秩序，宣布成立社会民主主义共和国。然而，革命缺乏领导和凝聚力，使推翻皇权的过程中出现了数次拖延。

在柏林，巴登亲王组织的议会制政府仍然保持着权威。然而，巴登亲王的统治迟早会垮台。由于威廉二世拒绝退位，德意志帝国已不可能维持。因此，正如色当战役后，巴黎快速摆脱拿破仑三世的统治一样，柏林在一天之内就推翻了霍亨索伦帝国。

第 3 章

三

11 月 9 日

The Ninth of November

第1节　威廉二世退位

威廉二世处于权力巅峰时，德意志帝国历史学家卡尔·兰普雷希特曾写道："也许了解威廉二世性格的最有效途径是通过他的演讲，其他资料如果不是来自亲密的人，都不能让人信服。"然而，威廉二世演讲的内容并不容易理解。世界大战期间，威廉二世这位曾经的军事领导者发表的讲话逐渐显示出他缺乏高超的军事领导力和政治领导力。威廉二世也没有表现出像他祖父威廉一世那样的合作能力或合作精神。威廉一世曾任用俾斯麦和毛奇等天才。尽管威廉二世和陆军、海军及内阁领导人多次努力尝试，仍无法继续霍亨索伦家族的神话。举一个很好的例子就可以说明王室的态度。1916年2月23日，海军上将舍尔询问威廉二世何时开始无限制潜艇战。"针对我提出的问题，陛下回答说虽然他完全认同军事的重要性，但不敢仅从军事方面考虑而做出决定。因为他的责任不仅是最高军事指挥，还是国家元首。如果下令立即开始无限制潜艇战，可能会有很多人赞同。然而，作为皇帝，必须认识到尽管无限制潜艇战有好处，但可能导致美国加入协约国一方。"很可惜，不管是对自己还是对德意志帝国而言，威廉二世都缺乏领导力，虽然在给舍尔的回

复中，他仍在自豪地证明自己的领导才能。1916年后，德意志民众意识到鲁登道夫和冯·兴登堡是中欧真正的独裁者。

自1914年以来，德意志军事、政治组织努力制订各种作战计划。这些计划与德意志帝国一部分舆论冲突。威廉二世作为国家领袖，因为受到冲突的影响，所以他制定的政策缺乏连续性，总是变来变去。有些政策是权宜之计，有些是形势所迫。世界大战之前的十年，因制定灵活的政策，威廉二世成为欧洲重要的统治者；世界大战期间，因政策缺乏连续性，他一直努力延续的帝国制度遭到毁灭。德意志革命之后，民众指责威廉二世缺乏个性、胆小、虚荣、不可信，甚至性格懦弱——民众的指责是不公正的。德意志帝国激进派愤怒地、恶意地指责威廉二世，正如之前的奉承者夸大威廉二世的美德和天赋一样。即使从最好的角度考虑，在军事天才领导下的霍亨索伦君主政体也不足以承受一场持久的世界大战。更何况，德意志历史上也从未有过如此持久的大战。对威廉二世最大的指控是他面对国家危机时，无法处理国家事务。1919年7月28日，国民议会进行了关于世界大战失败原因的政治大辩论，其中，戈泰因谈到威廉二世时说："他应该为我们的不幸承担大部分责任。"

1918年10月23日，德意志帝国公布了威尔逊的第三个声明，这项声明使威廉二世退位成为政治需要。自此，君主制注定要灭亡。社会民主党和协约国的宣传已经削弱了威廉二世的地位，只有他自愿放弃王位，革命才能停止。事实上，鲁登道夫实现了协约国的宣传无法实现的目标。1918年9月29日，星期日，鲁登道夫要求帝国与协约国签署停战协定。从那一刻起，威尔逊主导了世界大战结束的相关事宜。巴登亲王说："是德军的军事政策造成了民众的心理伤害和帝国崩溃，并不是敌人的宣传，也不是独立社会民主党的鼓动。"

1918年10月底，德意志帝国大部分民众接受了社会民主党的鼓动，要求威廉二世退位，并认为皇帝退位是摆脱危险的国际形势、争取和平条件的唯一方式。受舆论影响，社会民主党也在帝国政府进行煽动。巴登亲王的政策实际上是为了说服威廉二世退位，他认为威廉二世只有自愿退位才能拯救帝国。然而，谢德曼在给巴登亲王的报告中坚持要求威廉二世立即退位。为了说服威廉二世，巴登亲王派内政大臣德鲁兹去斯帕，但威廉二世拒绝放弃普鲁士和帝国的王位。

德鲁兹恭敬地向威廉二世说明了形势的严重性，但威廉二世仍然拒绝退位，最终导致柏林爆发了革命。巴登亲王无法说服威廉二世，但社会民主党认为自己足够强大，能迫使皇帝退位。事实上，独立社会民主党的鼓动和内部的不满迫使社会民主党的领导者采取行动，要求皇帝退位，从而赢得了民众的支持。社会民主党在党内核心会议上支持艾伯特。艾伯特认为威廉二世必须退位，以使德意志能获得更好的和平条件。随后，社会民主党敦促巴登亲王说服威廉二世退位。

在斯帕，德意志帝国统治的最后八天，发生了规模最大的政治争论。陆军元帅冯·兴登堡、冯·普勒森将军、冯·马沙尔将军、舒伦堡伯爵和冯·欣策起草了官方文件补充报告，要求威廉二世退位。巴登亲王也极力明确自己的立场，劝说威廉二世。不过，退位已是无可争议的事实。

1918年11月1日，当德鲁兹告知威廉二世，民众要求他退位时，威廉二世指示德鲁兹通知大臣，他拒绝退位，并深信如果自己退位就意味着布尔什维克的胜利。在当时的情况下，冯·兴登堡和格勒纳也不同意威廉二世退位。威廉二世相信只有在斯帕，他才能拥有完全的政治行动自由，拥有忠诚的军队支持，并能够保住皇位。

与此同时，越来越多的德意志民众要求威廉二世退位。民主派和自由派报纸均支持德意志革命运动。水兵起义之后，起义者和汉萨同盟各城镇的独立社会民主党都要求建立共和国。1918年11月5日，格勒纳访问柏林后回到斯帕，他也认为威廉二世必须退位。

1918年11月8日上午，一大批来自前线的德军师、旅、团指挥官聚集在斯帕，报告德军撤退的情况。很多指挥官认为军队中的老兵可以信赖，但新换防的士兵和新征的士兵不可信。聚在斯帕的指挥官们一致认为，士兵应听从德军军官的命令返回帝国，而不是听从威廉二世的命令。于是，威廉二世命令格勒纳制订计划，使用武力维护帝国。8日晚，战争委员会讨论了已拟订的计划。冯·兴登堡和格勒纳认为计划不可能实施，但冯·普勒森将军赞成计划。当晚，德军总司令部的士兵听说汉堡、汉诺威和科隆爆发起义后，宣布不会因保护威廉二世及政府官员而对抗德意志共和主义者。

1918年11月7日，巴登亲王已经将社会民主党的最终要求告知威廉二世。随后，他发电报给威廉二世建议退位，并召开制宪议会，以摧毁独立社会民主党和斯巴达克同盟[①]的宣传。威廉二世回电说：“我拒绝巴登亲王的退位建议，我有责任继续在位。”

在此期间，共和主义在巴伐利亚获得胜利。因此，帝国的命运悬而未决。1918年11月8日晚，巴登亲王与威廉二世通话二十分钟。巴登亲王直言不讳地说威廉二世必须退位，因为德军无法压制不断高涨的革命浪潮。他还建议在帝国议会提出要求前，任命一位摄政王并召开国民议会。此外，他还向威廉二世通报了帝国议会建议的另一个计划：威廉二世退位，德意志皇储放弃王位，由皇孙威廉继位，并为皇孙威廉任命一位摄政王。巴登亲王说：“我相信，11月8日晚，如果德军总司令部把

① 斯巴达克同盟，第一次世界大战期间坚持马克思主义的革命政党，以古罗马奴隶起义领袖斯巴达克斯的名字命名。斯巴达克同盟的代表人物有卡尔·李卜克内西、罗莎·卢森堡、克拉拉·蔡特金等人，主张推翻资本主义，反对帝国主义和军国主义。——译者注

真实形势告诉皇帝陛下，他当时就会退位。”

巴登亲王建议威廉二世应主动退位，但这位战败的君主仍然坚守王冠和昔日的权威。1918年11月9日10时，威廉二世的军事顾问们终于告知他实情。冯·兴登堡打算反对帝国内政部的行动计划，要求威廉二世退位；格勒纳认为帝国陆军不能违反国家利益。然而，威廉二世仍然拒绝退位。军事顾问们的汇报即将结束时，柏林首相府邸与威廉二世通话，要求他退位。在此之前，冯·欣策上将曾通知首相府邸，德军将为威廉二世发动内战。

德军将领在威廉二世别墅的花园里讨论退位问题时，德意志皇储要求父亲不要离开军队，而应和军队一起返回帝国。1918年11月9日13时，陆军上校威廉·海耶带着会议报告而来。会议是9日上午三十九名将军和团长在斯帕召开的。关于威廉二世能否通过德军重新统治德意志帝国这一问题，二十三位将军认为不可能，十五位表示不确定，只有一位认为有可能。所有军官都认为无论是在帝国内部还是外部，德军都不肯再继续战斗了。

因此，在比利时斯帕的威廉二世认清了现实。颇具戏剧性的一幕是比利时正是他五年前入侵的国家。威廉二世发布声明，称自己被首相、陆军和海军抛弃了。威廉二世被告知起义者封锁了通往前线和帝国内陆的道路，他只能同意退位，但附加一些条件。但在柏林得知威廉二世的退位决定前，巴登亲王就主动宣布威廉二世退位。在听说巴登亲王宣布自己退位后，威廉二世说：“我拥有自己的军队，现在是普鲁士国王，以后也是。”然而，事实很快证明威廉二世的说法不可能实现。

冯·沃尔措根男爵写道：“比洛[①]委婉地将德意志民众的不满告知

① 即伯恩哈德·冯·比洛（Bernhard von Bülow, 1849—1929），德意志政治家，1900年到1909年任德意志帝国首相，1914年曾短期内担任驻意大利大使。——译者注

了威廉二世。从威廉二世迫使俾斯麦下台直到1911年11月，德意志人都认为他应该退位。”巴登亲王1918年11月9日的做法相当于废黜了威廉二世。巴登亲王命令公使参赞冯·施米特哈尔斯宣布威廉二世退位的消息，这意味着威廉二世被剥夺了皇权。

在普鲁士君主主义者看来，巴登亲王确实迫使威廉二世退位，并建议他出国以避免内战。有人指责巴登亲王是向社会民主党出卖霍亨索伦家族的伪君子、骗子和叛徒，甚至有人指控他试图扮演路易·菲利普[①]的角色，想成为德意志帝国的摄政王。

由于国内爆发革命，威廉二世不可能和平地返回德意志。后来，冯·兴登堡在科尔贝格的德军总司令部写道，威廉二世只有三种可能的行动方案：与忠于皇帝的德军一起战斗，返回帝国；牺牲在德军前线；离开德意志帝国。威廉二世之所以选择离开是因为希望帝国免于可怕的内战。冯·兴登堡还公开声明：“陛下离开是为了不给德意志造成额外的牺牲，并争取更有利的和平条件。”

1918年11月9日晚，威廉二世默默地乘专列去荷兰边境，直到28日他才正式宣布放弃王位。威廉二世逃亡后，德意志各地发起了一系列对威廉二世的指控，指控他有罪，逃离德意志的行为很不光彩；也有人称威廉二世是因帝国瓦解而离开的。冯·普勒森也因说服威廉二世逃亡而遭到指控。对威廉二世的多数指控称其逃亡不符合皇帝身份，没有男子气概，是对帝国和君主制的致命打击。很多人认为威廉二世逃亡证明他很胆怯。后来，更荒谬的说法称威廉二世疯了。

① 即路易·菲利普一世（Louis Philippe I，1773—1850），法国国王，1830年到1848年在位。——译者注

第2节　柏林起义

巴登亲王建立的议会制政府崩溃，并不是因他缺乏政治家风度，而是因在德军失败的压力下，帝国内部突然瓦解。德意志帝国最后一任政府被推翻的原因很多，包括政府与鲁登道夫最后的斗争、威尔逊的要求、威廉二世拒绝退位、水兵起义之后德意志帝国激进分子崛起等。只有社会民主党的支持才能让德意志政府长久存在。

1918年11月4日，政府发布的一份公告梳理了巴登亲王的根本政策和政府应完成的重要任务：保证普鲁士的平等选举权；由帝国议会中主要政党的代表组成新政府；应首相与政府官员的要求，帝国议会有信心管理国家；帝国政府的权力应交到民众代表手中；帝国议会有权决定战争与和平；确定德军由德意志政府指挥；宣布大赦；新闻自由和集会自由。公告指出，在和平协议签署之前，德意志民众必须维持秩序，协助德军军官和政府保护德意志边界，恢复国家经济生活，确保前线返回的德军士兵和水兵能够有基本的生活保障。公告的结尾说道："接下来，政府仍有许多工作。政府将坚定不移地把德意志帝国变成民主国家，以使国家在政治自由和社会进步方面不落后于世界上任何国家……德意志明确的未来是我们的指路明灯。

公告签署人包括首相[①]、副首相[②]、战争大臣[③]、国务秘书佐尔夫、冯·勒德恩伯爵、冯·克劳泽、鲁德林、冯·瓦尔多、冯·斯坦男爵、谢德曼、格罗伯、埃茨贝格尔、豪斯曼、鲍尔[④]和特林博恩。

---

① 即巴登亲王。——译者注

② 即艾伯特。——译者注

③ 即朔伊希。——译者注

④ 即古斯塔夫·鲍尔（Gustav Bauer, 1870—1944），德国政治家，1918年10月担任德国劳工大臣。——译者注

为了实现德意志帝国转型，巴登亲王已做好采取激进措施的准备。他注意到国民议会的意见，即为德意志制定一部仿照英国君主制的新宪法。他与主要政党谈判，希望通过这项政策维持政府团结。威廉二世退位的问题主导着柏林的政治局势。1918年11月6日，巴登亲王向德意志民众发布了一份公告，声明协约国接受了除海洋自由以外的十四点计划，福煦元帅将向德意志帝国代表宣布停战条款。

需要注意的是，直到德意志帝国最终瓦解，柏林一直是德意志帝国实力最强的城市。霍亨索伦王朝将柏林从小城镇变成世界级城市和欧洲第三大城市。普法战争之后，柏林展现了帝国的繁荣，成为欧洲大陆最大的制造业中心之一。艺术和科学赋予这座现代城市特殊的光彩。

柏林的人口近三百万，得到了整个德意志帝国从经济、管理和宣传等方面的支持。对贵族和官员而言，柏林是拥有强大军事力量的德意志帝国首都，不仅决定着欧洲大陆的政策，也决定着全世界的政策。对城市中产阶级而言，普鲁士的商业、工业和金融业的发展证明了专制比协约国的民主制更优越。受工会组织和社会民主力量约束的工人阶级内心为帝国政府感到骄傲，因为帝国政府使柏林成为世界工业中心。

四年的世界大战和封锁，再加上统治阶级军事、外交和政治上的失误，使柏林资产阶级和无产阶级对德意志帝国的忠诚动摇了。

自1916年夏以来，柏林计划发动革命。1917年水兵起义发生时，柏林的社会民主党不愿利用起义可能会蔓延的机会。1918年1月，冯·克塞尔将军迅速残酷地镇压了柏林总罢工。但从那时起，独立社会民主党制订了推翻帝国的明确计划。包括巴尔特和多伊米希在内的柏林革命委员会与德军前线的独立社会民主党人和柏林的工人建立了联系。革命者虽然对停战请求感到惊讶，但计划利用德军战败和国内丧失勇气的机会，建立社会主义共和国。哈泽、卡尔·李卜克内西、迪特曼、巴尔特、多伊米希和莱德布尔参加了1918年11月2日举行的会议，讨论首次起义的问题。大多数人赞成4日开始革命，但哈泽和迪特曼因不确定能否胜利而推迟了起义。柏林驻军的瓦尔茨中尉也是革命计划者之一。6日，瓦尔茨中尉被捕，被控叛国罪。为了活命，瓦尔茨中尉向军方透露了革命计划。这时，帝国政府才认识到独立社会民主党煽动建立共和国的严重性。

早在1916年，德军总参谋部的一部分人就在凡尔登战役和索姆河战役中抽出时间准备“一场革命的战役和动员计划”。1918年，能干的冯·林辛根将军是柏林的代理指挥官，准备将总参谋部应对柏林革命的计划贯彻到底。冯·林辛根的军事计划制订得很详细，甚至包括组建可靠的公民团体。除了零星的官方公告，德军的消息审查员压制了沿海地区水兵起义的相关消息。然而，谣言夸大了起义的严重程度。1918年11月7日是苏维埃俄国布尔什维克革命周年纪念日，独立社会民主党准备庆祝。当晚，独立社会民主党在柏林安排了五次集会，但冯·林辛根禁止集会。警察驱散了聚集在国王大厦的独立社会民主党人。

随后，冯·林辛根在柏林发布公告：“某些组织计划按照苏维埃俄国的模式，成立工人士兵委员会，违反法律规定。这类组织违反国家现有规定，威胁公共安全。根据关于戒严法第九条第二项条款的内容，禁止组织和参与类似组织。”冯·林辛根又发布命令召集所有在柏林休假的德军军官，带着全套战斗装备到德军总部报到。当晚，在莱赫特车站，冯·林辛根抓获了第一批从汉堡赶来的水兵，把他们关在莫阿比特监狱。德军控制了煤、电和自来水，关闭电话电报局，从而切断革命者之间的联系。然而，在普鲁士，军国主义者用法律条款或国王卫队武力控制民众的日子已经不复存在了。冯·林辛根已经不能再依靠德军的力量。社会民主党最终提出的要求也使帝国政府失去了权力。

巴登亲王辞职后，仍在帝国政府工作，并寻求民主和法律途径解决德意志革命问题。主要政党都惊慌失措，并在1918年11月8日匆忙投票决定在下一届帝国议会中，将民主选举法扩大到德意志所有联邦州。帝国政府几乎全票通过决议，要求威廉二世退位。与此同时，普鲁士内阁全体辞职。

帝国政府无法再掌控柏林或帝国局势。帝国政府的全权代表团已经在去见福煦元帅的路上了。无论协约国的停战条件严苛与否，冯·兴登堡都会接受。显然，停战条款的公布将结束威廉二世的统治。巴登亲王首先希望维护帝国统一，拯救君主制，并通过和平途径控制德意志革命。然而，巴登亲王不是法国的路易·菲利普，无法发动政变而成为摄政王控制德意志帝国。

1918年11月8日，被困柏林的休假士兵因铁路运输中断而进行示威游行。这些士兵从军营游行到德军司令部，以确保领到食物供应代偿金。民众也加入了游行，并认为自己是出于对基尔起义的同情而示威。在《前进报》报社大楼前，游行队伍为共和欢呼。

1918年11月8日晚，柏林革命爆发在即，武装的革命者成功进入柏林，独立社会民主党向支持者发放了武器。大多数工人都为起义做好了充分准备。与此同时，冯·林辛根的部队全副武装、戴着钢盔，占领了所有战略要地。装甲车和卡车在柏林市中心巡逻。警察关闭了独立社会民主党的党部，逮捕了巴尔特和多伊米希。可信的猎兵营被迅速召集到柏林。

然而，巴登亲王命令指挥官冯·林辛根不要攻击游行的民众，导致德军的努力都白费了。冯·林辛根辞职了，他已经意识到德军的不满，认识到即使是普鲁士军国主义也无法拯救德意志的君主政体。独立社会民主党不敢相信，面对德意志革命，普鲁士军国主义竟如此软弱、毫无防备。

威廉二世命令巴登亲王继续留任，直到自己就退位问题做出最后决定。社会民主党仍然支持巴登亲王领导的议会制政府。在与巴登亲王的会谈中，社会民主党甚至将威廉二世退位的最后期限延长到停战协定签署。这表明社会民主党政策的软弱和摇摆不定，这些政策只是针对独立社会民主党的权宜之计。1918年11月8日晚，社会民主党发传单宣布，他们的部分要求已被接受：普鲁士和其他联邦州将根据帝国法律建立平等的选举权；增加社会民主党在帝国政府的影响，确保普鲁士实行议会制；帝国将停止战争；停战协定签署后再解决威廉二世退位问题。

最初，社会民主党要求威廉二世退位，希望避免内战而实现民主的目标。国内动乱突然加剧后，社会民主党将威廉二世退位的最后期限延长至停战协定签署，但社会民主党的领导者行动太迟，已经无法阻止革命爆发。德意志帝国工人要求采取积极行动。因此，社会民主党退出政府，尝试与独立社会民主党联合。

1918年11月9日星期六早上，柏林的工厂自发举行大罢工。罢工从通用电气工厂、德意志武器和弹药工厂、施瓦茨科普夫工厂和勒韦工厂几乎蔓延到柏林所有工厂。独立社会民主党的代表在各工厂都很活跃。9日10时，社会民主党工人委员会正式确认罢工的消息。同时，《前进报》增加版面，向群众宣布罢工的消息。工人们不再去工厂上班。独立社会民主党做好了巷战的准备。

此时，没有任何人维护帝国。首先是因为巴登亲王向德军下达了命令，其次是因为柏林驻军大规模起义。柏林市中心有大批军队，北部驻扎着警卫燧发枪团和第四警卫团，南部有三个营，驻扎在奥古斯塔营地。

1918年11月9日清晨，德军第四瑙姆堡猎兵营哗变，罢免军官，并选举产生士兵委员会。随后，士兵委员会派代表前往《前进报》报社大楼，宣布不会向德意志民众开火，但会帮助社会民主党领导人。社会民主党副主席韦尔斯说服第四瑙姆堡列兵营加入了起义队伍，而此前威廉二世曾说过，即使命令第四瑙姆堡列兵营向父母开火，他们也会执行。著名的教导团和第一卫队预备役团发动起义并武装民众。在柏林南部，第六十四预备役团罢免了军官。11月9日，共有十四支普鲁士军队起义，拒绝再为威廉二世和帝国战斗。在柏林城外警卫团的营地，帝国军官向起义的士兵开火了，但除此之外，整个早上没有爆发其他冲突。柏林所有守军都拒绝用武力对付革命的士兵。

独立社会民主党虽然宣布革命，但没有攻击任何政府机构，也没有试图建立临时政府。1918年11月9日中午，《前进报》呼吁："柏林工人士兵委员会投票支持总罢工。所有工厂停工。将维持必要的食物供给……大部分驻军收起武器，将其交由工人士兵委员会处理。革命将由社会民主党和独立社会民主党共同指挥。工人和士兵负责维持和平与秩序。社会主义共和国万岁。"

与此同时，政府其他部门聚集在威廉大街首相府邸。1918年11月9日9时15分，巴登亲王得知帝国陆军不再承认威廉二世为总司令。9日10时，首相府邸得到消息，第四瑙姆堡猎兵营及其他兵营的一些士兵发动起义。瑙姆堡猎兵营被认为是柏林守军中最忠于帝国政府的，他们的起义说明德皇命运的终结。万沙费绝望地对巴登亲王喊道，只有威廉二世退位才能拯救帝国。11月9日，巴登亲王用了整个上午的时间，尽力确保威廉二世退位，但直到9日11时，他才被告知威廉二世已决定退位，但正在讨论细节。

当时，柏林出现了多次工人罢工和士兵起义。德意志民众随时都可能要求威廉二世退位，建立临时政府。巴登亲王决定依靠自己的权威，最后一次尝试以宪法途径解决危机。巴登亲王宣布："威廉二世决定放弃王位。首相将继续留任，直到与威廉二世退位、德意志帝国和普鲁士王国的德意志皇储退位、政府成立等有关问题解决。巴登亲王代表政府拟委任副首相艾伯特为首相，并提议制定法律，立即实行普选，并选举组成德意志国民议会，由议会最终决定政府未来的组织形式和民众参与的形式。”

威廉二世退位的消息在柏林迅速蔓延。罢工的工人、士兵确信社会民主党获得了胜利。《前进报》报社大楼和社会民主党部门的建筑插上了红旗。民众穿过林登大道、从皇宫拥向国会大厦。演讲者慷慨激昂地对民众进行革命宣传。德军官兵取下了帽子和制服上的徽章。

无产阶级进行反对帝国的示威游行时，社会民主党领导人艾伯特和谢德曼开始与独立社会民主党谈判。1918年11月9日晚，独立社会民主党领导人莱德布尔、迪特曼和沃格瑟尔留在国会大厦。独立社会民主党原计划于次日夺取政权，但社会民主党的势力虽因威廉二世退位前爆发的革命有所削弱，仍控制着局势。独立社会民主党拒绝接受社会民主党的条件，并推迟召开两党与新成立的柏林工人士兵委员会的会议。

站在国会大厦的窗前，谢德曼宣读了威廉二世退位的消息：“君主制已经瓦解。大部分帝国政府军队都加入了我们。霍亨索伦家族已经退位。伟大的德意志共和国万岁。艾伯特正在组建新政府，社会民主党和独立社会民主党都将支持新政府。新任命的军事副指挥官戈里将签署所有的军事命令。没有人敢破坏我们取得的伟大胜利。我们一起维护和平、维持秩序、确保安全。”

1919年11月9日15时，艾伯特、谢德曼，以及工人委员会成员普罗拉和黑勒去首相府邸向巴登亲王说明，只有社会民主党政府才能拯救德意志。巴登亲王下令，将政权移交给艾伯特。

德意志革命的爆发与政权移交只有在经历过军事化管理、习惯服从的德意志才有可能实现。巴登亲王试图效仿1830年的法国资产阶级，使革命合法化——他一直支持君主制。与此同时，艾伯特和谢德曼希望通过和平手段建立民主共和国，尽可能避免使用不合法的手段。独立社会民主党则希望打破旧制度，用武力推翻资本主义和资产阶级国家，建立社会主义共和国。至于对泛日耳曼主义者和资产阶级而言，无产阶级的胜利是他们不愿看到的结果。曾经将征服世界作为德意志帝国目标的一群人，甚至不愿意为了保卫柏林而与社会民主党对抗。

艾伯特成了德意志总理。就任后，艾伯特立即向民众发表宣言："同胞们！经所有官员同意，前帝国首相巴登亲王将一切事务交由我处理。我将与各方达成协议，组建新政府，随后不久将公开结果。新政府将是德意志民众的政府，其目标必定是尽快给民众带来和平，进一步强化赢得的自由。"艾伯特向所有官员和政府工作人员宣布："新政府已经接管事务，保护德意志民众免受内战和饥饿，保证新政府的自主权，实现自治。"艾伯特呼吁所有官员无论政治信仰如何，都应坚守岗位，避免国家陷于苦难和无政府状态。

在宣布威廉二世退位之前，社会民主党就已经开始与独立社会民主党谈判，谈判关于组建社会民主党联合政府。然而，独立社会民主党要求建立由无产阶级的和士兵掌握执行权和立法权的社会主义共和国；除了提供技术服务的部门可以由资产阶级担任部长，其他部长均由无产阶级和士兵担任；为了签署停战协定，进行为期三天的临时合作；在联合内阁中，实现各政党的平等。1918年11月9日晚，社会民主党对独立社会民主党所提的六点意见做了答复：制宪议会必须解决建立社会民主党共和的问题；部分社会阶层建立独裁政权违背了民主原则；拒绝将资产阶级排除在政府之外的要求；国民议会召开前，独立社会民主党必须留在政府；最后，社会民主党接受了独立社会民主党关于各部部长和内阁平等的要求。革命成功后的第一天在社会民主党和独立社会民主党的谈判中度过。社会民主党的优势是拥有国会大厦和首相府邸。两党都呼吁工人和士兵支持组建临时政府；德意志的命运交到了柏林的无产阶级手中。

1918年11月9日晚，柏林工人士兵委员会在国会大厦开会。大会主席巴尔特向柏林无产阶级和士兵的革命胜利致敬。随后，会议决定第二天选举成立工人委员会。每一千名工人选举一名代表，小规模的工厂联合起来选举一名代表。士兵代表将由各营士兵和部队医院选举产生，每个营或每个单位一名。最后投票决定，当选的委员应于11月10日17时一起召开会议，选出临时政府。11月9日晚，工人士兵委员会发布公告，要求政府维持柏林秩序，保障物资供应。公告由副总理和内政部长、士兵委员会代表和柏林工会委员会代表联合签署。

公告中关于维持秩序的呼吁很有必要，因为临近傍晚时，柏林街头爆发了冲突。卡尔•李卜克内西及斯巴达克同盟支持者占领了皇宫，升起红旗，并下令敲响大教堂的钟声，以庆祝无产阶级的胜利。士兵委员会占领了警察局和德军总部。1918年11月9日晚，忠于帝国的军官和革命士兵在街头发生冲突。在腓特烈大街及林登大道的图书馆和大学，双方都动用了机枪。

唯一有组织的抵抗来自一群军官、军校学员和皇宫的官员，他们聚集在皇家教堂，并设置了路障。在整个革命过程中，仅十五人死亡。1918年11月20日，柏林为这些人举行了葬礼，将他们葬在弗里德里希斯海茵公墓，和在1848年革命①中死难的英雄们葬在一起。

① 1848年革命，指1848年到1849年爆发的德意志革命。巴登、巴伐利亚等德意志各邦爆发革命，反对德意志联邦的专治政治体制，最终以失败而告终。——译者注

第3节　革命政府的成立

1918年11月10日上午，柏林民众意识到尽管在一天之内就推翻了君主政体，但如果不立即成立社会民主党联合政府，社会民主党各派之间就会爆发内战。《前进报》恳请社会民主党各派联合起来，取得革命胜利，防止无产阶级自我毁灭，避免混乱局面。独立社会民主党也意识到必须妥协。然而，社会民主党的极左派斯巴达克同盟反对联合政府。斯巴达克同盟要求解除警察和德意志军队的武装，武装民众；占领政府部门，交由工人士兵委员会委员指挥；没收所有武器，由委员会负责弹药和军工；委员会负责交通管制；废除军事司法，建立共同遵守的纪律；柏林工人士兵委员会接管政府，直至组建全国工人士兵委员会；由城市和乡村所有成年工人，不分性别，选举成立工人士兵委员会，行使法律权和行政权；废除王室和联邦州，建立统一的社会主义共和国；立即恢复与其他国家友好政党的关系；立即召驻苏维埃俄国大使回到柏林。

独立社会民主党决定团结社会民主党。1918年11月10日，独立社会民主党提出最终要求，派代表前往首相府邸与社会民主党会面。这表明，独立社会民主党准备在满足以下条件的情况下进入内阁：内阁完全由社会民主党担任人民委员；各部部长将承担具体工作，从社会民主党中选出两名副官协助；独立社会民主党合作的时间不受限制；工人士兵委员会掌握最高政治权力，将召集各地委员会开全国大会；革命成果巩固之后讨论国民议会选举问题；哈泽、迪特曼和巴尔特则代表独立社会民主党进入内阁。

社会民主党已经组成新政府，由艾伯特和谢德曼领导。社会民主党的支持者占领了国会大厦和政府办公楼，由他们任命新政府的领导者。在德军总司令部的冯·兴登堡承认了社会民主党的新政府。尽管独立社会民主党和斯巴达克同盟反对，社会民主党在柏林工人士兵委员会中仍然占多数。因此，社会民主党可能独自执政，并通过立即召开国民议会而长期执政。然而，自1918年11月1日以来，社会民主党一直采用妥协政策。11日，艾伯特发布公告："威廉二世已经退位，其长子德意志皇储放弃王位。社会民主党已经接管政府，并在完全平等的基础上，为独立社会民主党保留内阁席位。"

1918年11月10日，社会民主党接受了独立社会民主党的条件，两党组建了内阁。社会民主党成员包括艾伯特、谢德曼、兰茨贝格[①]；独立社会民主党成员包括哈泽、迪特曼、巴尔特。新政府立刻得到了军方、政府机构、主要联邦州及大多数德意志民众的承认。社会民主党虽然夺取了政权，但也意识到能够掌权是因为只有他们反对德意志帝国的扩张政策，正是扩张政策毁灭了德意志帝国。一天之内，德意志民众就承认了新政府。

1918年11月9日的革命接近尾声时，艾伯特说："今天，在德意志，自由获得了最后的胜利。德意志民众胜利了，他们推翻了霍亨索伦家族、维特尔斯巴赫家族和韦尔夫家族的统治。德意志完成了革命。威廉二世退位后，巴登亲王递交辞呈，将权力移交给我。事实上，任命我为总理是民众的意愿。在德意志，君主主义和专制主义已经消失。国民立宪会议将成立新政府，尽可能代表民众的意愿。德意志的未来是共和国，将成为与国际上其他自由国家同样受尊重的国家。"

德意志革命的基本特征是德军士兵和工会组织有效地控制了革命运动。没有知识分子支持，也没有伟大的领袖，革命迅速蔓延，迅速推翻了帝国。革命成功的原因在于民众已不再承认帝国。每一场真正的革命

① 即奥托·兰茨贝格（Otto Landsberg, 1869—1957），德国政治家，1918年被选为德国人民全权代表委员会委员。——译者注

都有目标，都是用武力达成目标，并有计划地进行组织。德意志民众怀着政治民主和经济民主的理想，推翻了帝国政府。

正如每次革命都以武力推翻腐朽的政权一样，革命最初的成功之后会出现极端派，可能导致无政府状态。在真正的革命中，革命者推翻旧秩序并不意味着最终拥有了权力。随着旧政权的垮台，政治结构和社会结构被削弱，各阶级、政党和组织之间争夺权力的斗争就开始了。内部斗争不可避免，而只有武力才能挫败极端派。从1918年11月直到宪法通过，德意志革命的过程是激进政党不断争夺权力的过程。

在德意志征服世界而进行的对外战争中，泛日耳曼主义摧毁了帝国，最终遭遇失败。在德意志内部斗争中，社会民主党用革命的方式，使德意志退出了世界大战。

第4节　各邦国统治者退位

1918年11月9日，威廉二世在柏林正式退位，耻辱地结束了俾斯麦用鲜血、铁腕和秘密外交建立的德意志帝国。1918年11月的第二周，德意志各邦国的政权也瓦解了。11月9日前，虽然巴伐利亚王室和汉萨同盟已经向革命民主政权投降，但大多数德意志联邦的统治者都还拥有王权，一直持续到威廉二世退位。由于这些统治者同样遭遇了霍亨索伦家族的毁灭，较小的联邦政府对革命的社会民主党没有做出任何抵抗就垮台了。

巴伐利亚王室垮台之后是符腾堡王室的垮台。1918年11月9日组建临时政府时，符腾堡州社会民主党在斯图加特与德意志其他革命地区建立了密切联系。符腾堡国王威廉二世正式发布退位文书，但拒绝在宫殿升起红旗，因为王宫是他的私人财产。符腾堡的社会民主党非常软弱，号召资产阶级政党一起组成联合政府。

策林根家族非常有才能，在其统治下，巴登大公国一直是德意志帝国最民主的邦国。然而，在这个最自由的邦国，士兵起义，成立革命委员会，政府官员及军事指挥官辞职，革命爆发。1918年11月10日，巴登临时政府成立。14日，巴登大公弗里德里希二世退位，并没有做任何抵抗——他的侄子巴登亲王“废黜”了霍亨索伦皇帝。在所有王室成员中，弗里德里希二世在革命中扮演了最重要的角色。

1918年11月10日，萨克森国王弗里德里希·奥古斯特三世不光彩地宣布放弃头衔，声明不会维护王权，民众可以自由生活。

萨克森—魏玛大公恩斯特强烈拒绝退位，要求保证自己的人身安全。不伦瑞克公爵[①]被迫退位，以免被废黜或被暗杀。1918年11月7日，社会民主党在奥尔登堡举行了一场大型示威游行。不久，11日，奥尔登堡大公腓特烈·奥古斯特二世退位。10日，黑森大公[②]退位，罗伊斯幼支亲王国亲王海因里希二十七世也退位了。

1918年11月11日，利普—代特莫尔德亲王国亲王退位。15日，绍姆堡—利普亲王国亲王阿道夫退位。13日，萨克森—科堡—哥达公爵卡尔·爱德华退位。接下来的几天，安哈尔特公国和阿尔滕堡的统治者也退位了。14日，梅克伦堡—什未林大公弗里德里希·弗朗茨四世，即施特雷利茨的摄政王正式宣布，为了自己和家族而放弃王位。此后，传统的二元君主政体结束。

最后退位的是施瓦茨堡—鲁多尔施塔特亲王国亲王[③]——也只是比其他亲王晚退位几天而已。他统治着风景如画的图林根森林地区。

① 即恩斯特·奥古斯图斯（Ernest Augustus, 1887—1953）。——译者注

② 即恩斯特·路德维希（Ernest Louis, 1868—1937）。——译者注

③ 即金特·维克多（Günther Victor, 1852—1925）。——译者注

世界大战摧毁了德意志帝国，帝国王室不够强大，无法应对战后出现的问题。王室因为阻止德意志帝国革命、反对民主而倒台。被迫退位可能彻底破坏了王室的未来。红旗在宫殿上空飘扬，王室对法庭、报纸和商界的影响都消失了。1848年，王室打压了共和精神[①]，1918年王室遭到报复。正如凡尔赛宫代表王室的奢华一样，德意志帝国无数的宫殿也见证了各君主的统治时代。

① 1849年3月，德意志帝国议会通过帝国宪法，但遭到普鲁士等各邦君主的拒绝。1849年5月，德意志西南各邦民众发动起义，掀起维护帝国宪法的斗争，结果失败了。——译者注

政治漫画《抛弃领航员》，首次发表于 1890 年 3 月 29 日。漫画描绘了德皇威廉二世与两星期前辞职的前首相俾斯麦。“领航员”是美国一份杂志称呼俾斯麦的绰号。俾斯麦被迫辞去首相标志着德意志帝国国家战略的重大转向。约翰·坦尼尔（John Tenniel，1820 年 2 月 28 日—1914 年 2 月 25 日）绘

1915 年 5 月 7 日，“卢西塔尼亚”号被德国潜艇击沉，造成了严重的人道主义灾难。威廉·莱昂内尔·怀利（William Lionel Wyllie，1851—1931）绘

1917 年 4 月 2 日，美国总统威尔逊在国会与德国断交。作者信息不详

兴登堡与鲁登道夫。雨果·沃格尔（Hugo Vogel，1855—1934）绘

在基尔聚集的水兵。作者信息不详

死亡水兵的送葬队伍经过基尔的街道。作者信息不详

Ich verzichte hierdurch für alle Zukunft auf die Rechte an der Krone Preussen und die damit verbundenen Rechte an der deutschen Kaiserkrone.

Zugleich entbinde ich alle Beamten des Deutschen Reiches und Preussens sowie alle Offiziere, Unteroffiziere und Mannschaften der Marine, des Preussischen Heeres und der Truppen der Bundeskontingente des Treueides, den sie Mir als ihrem Kaiser, König und Obersten Befehlshaber geleistet haben. Ich erwarte von ihnen, dass sie bis zur Neuordnung des Deutschen Reichs den Inhabern der tatsächlichen Gewalt in Deutschland helfen, das Deutsche Volk gegen die drohenden Gefahren der Anarchie, der Hungersnot und der Fremdherrschaft zu schützen.

Urkundlich unter Unserer Höchsteigenhändigen Unterschrift und beigedrucktem Kaiserlichen Insiegel.

Gegeben Amerongen, den 28. November 1918.

1918 年 11 月 28 日威廉二世签署的退位声明

巴伐利亚国王路德维希三世。作者信息不详

“波森”号战列舰。作者信息不详

“拿骚”号战列舰。作者信息不详

德意志帝国国会大厦。作者信息不详

斯巴达克同盟起义期间，柏林勃兰登堡门的四轮机枪阵地。发表于 1919 年 2 月 16 日的《纽约论坛报》，现藏于柏林国家档案馆。作者信息不详

柏林街道上的斯巴达克起义者与装甲车。作者信息不详

悼念卡尔・李卜克内西。
凯绥・柯勒惠支（Käthe Kollwitz，1867 年 7 月 8 日—1945 年 4 月 22 日）绘

1919年5月28日,《凡尔赛和约》在凡尔赛宫镜厅签署。
威廉·奥宾（William Orpen，1878—1931）绘

福煦元帅。作者信息不详

第 4 章

社会主义与社会化

Socialism and Socialization

第1节　世界大战期间的社会民主党

要了解德意志十一月革命的历史，就必须了解德意志的三个社会主义政党。从停战协定签署到宪法通过，德意志革命的历史基本上充斥着三个社会主义派别争夺国家控制权的斗争。德意志无产阶级的巨大悲剧在于战胜专制帝国和资产阶级的那一刻，社会主义者就分成了敌对派别，从世界大战开始就一直分裂。马克思诞辰一百年后，德意志无产阶级夺取了国民政府的控制权，但未能建立社会主义政权。社会民主党、独立社会民主党和斯巴达克同盟都认为自己是马克思、恩格斯的真正代表，开始互相攻击。各派别对马克思主义的解释之所以不同，是因为马克思主义存在内在矛盾，不完全符合当时历史发展的现实。马克思主义不仅是经济理论，也是一种世界观。作为经济理论，马克思主义思想是不断进步的；作为政治和历史理论，马克思主义思想阐释了人类进步的原因，具有明显的革命性。

1848年出版的《共产党宣言》曾预言现有经济制度的衰落，即无产阶级政权将取代资本主义，人类最终将实现无国界的共产主义目标。马克思最早要求世俗化，没收剥削阶级的权力。他提出民众的苦难来自资本主义发展。奥地利社会民主党成员和政治家卡尔·伦纳在《马克思主义与国际社会》一书中写道："马克思所经历和描述的资本主义社会已不复存在。"伯恩斯坦[①]支持修正主义，将马克思主义中的部分观点加以总结，为提出新的革命策略奠定了基础。

世界大战前，德意志帝国工人们的生活和工作条件得到改善。无产阶级拥有了工业革命以来最好的食物、衣物、住所、暖气、照明，甚至奢侈品。德意志作家不再谈论苦难，而是谈论社会发展规律或社会共同利益的规律。孔普曼断言："只要国民经济发展改变雇主阶级的生活水平，工人阶级的生活水平就会提高。"

日益壮大的德意志社会民主党意识到国民经济在发展，默默等待着工人阶级生活水平的提高。但由于世界大战爆发，社会发展因经济崩溃而停滞不前。

德意志爆发革命的主要原因并不在于经济方面。并没有生活悲惨的无产阶级起来反对资本主义，也没有人强烈反对资本家和雇主。德意志革命显然不是马克思预言的，是由经济发展造成的。数以百万计的德军士兵从前线返回，必须维持生计，但他们并没有打算占有德意志的工业。需要注意的一点是，革命者的仇恨并不是针对资本家和工厂主，而是针对德军指挥官与帝国政府官员。

然而，如果由此得出结论，认为德意志革命的主体不是社会主义运动，或者认为社会主义不是进步的德意志无产阶级的伟大理想，就是错误的。在德意志，正统社会主义为权力而斗争，反对自由主义、无政府

① 即爱德华·伯恩斯坦（Eduard Bernstein，1850—1932），德国社会民主党人，德国社会民主主义理论家与政治家，支持修正主义，主张通过和平改良逐步实现更完善的社会组织形式的思潮和社会运动。——译者注

主义和国有社会主义[①]。社会主义的宣言过去是“相信通过平等能够实现真正的自由”，现在仍然如此。虽然马克思主义在总结历史问题、预测经济发展等方面的影响力下降，但并不影响社会主义的传播。对德意志民众来说，社会主义仍然主张把剩余价值平均分配到无产阶级手中，减少工作时间，缩短劳动年限，消除苦难。虽然批评家指出即使是在工业大国，每年的剩余价值也有限，但这并没有削弱无产阶级的社会主义信念。艾伯特说：“工作是社会主义的信仰。”谢德曼说：“社会主义从科学原理发展而来，是精神劳动和体力劳动的最高组织形式。”

社会主义提倡的不是分裂，而是团结，用系统的计划生产代替零散的个人生产。资本的收益成为分配的源泉，但如果生产力下降，资本的收益对无产阶级来说就没有什么价值了。库特纳说：“只有在民众整体富裕，而不是更加贫穷的情况下，社会主义才能存在……努力形成这样一种观念，让痛苦和苦难成为被遗忘的过去，使民众不仅拥有政治权利，也能完全拥有历史留下来的诸多成就。努力实现这样一种状况，让秩序、幸福、礼节、满意、精神追求和活力成为生活常态，这是德意志共和国最美好的目标。”

在德意志，社会民主党勇敢宣传社会主义学说。从俾斯麦时代末期到世界大战爆发，社会民主党作为革命团体尽管受到政府、保守党甚至民主党的攻击，但发展非常迅速，并且建立了党组织和各类机构。这是德意志其他政治团体无法比拟的。尽管在20世纪最初的十年，社会民主

① 国有社会主义，社会主义运动中的一种政治和经济思想，主张生产资料归国家所有，可以作为从资本主义向社会主义生产方式或共产主义社会过渡的一种临时性举措，是社会主义的特征之一。——译者注

党没有培养出能与拉萨尔[①]、马克思、恩格斯和倍倍尔[②]比肩的伟人，但仍培养出了很多能干的组织者和高效的领导者。社会民主党经受住了修正主义的冲击，延续了普鲁士重视政府的做法，在世界大战前的帝国议会选举中获得巨大胜利。社会民主党拒绝实用政治，谴责议会主义，满怀信心地期待革命，世界大战的爆发成为社会民主党遭遇的首次大灾难。由于无力阻止必然的世界冲突，社会民主党的数百万选民卷入了世界大战和民族主义造成的混乱中。1914年，德意志出现民族主义和爱国主义发展热潮，可能摧毁德意志无产阶级理想中的社会主义学说。

在威廉二世皇宫召开的帝国议会的重要会议上，社会民主党领导人得到威廉二世的认可。1914年8月4日，社会民主党投票支持德意志帝国加入世界大战，从而进入国家政治领域。社会民主党的“八月四日政策”得到了绝大多数德意志工会和政党组织的支持。自此，社会民主党打破了传统，在当时看来，显然也打破了认为历史归根结底都是阶级斗争的旧教条主义。社会民主党进入政治领域，使德意志的历史摆脱了只有议会和德军军官合作的局面。

从另一个角度看，社会民主党的“八月四日政策”是通过战争结束德意志阶级斗争所导致的必然结果。到1914年，德尔布吕克[③]和贝特曼-霍尔韦格提出的德意志帝国社会立法、修正主义的发展、南德意志的影响，以及工会对社会民主党的领导等一系列内容都加强了社会民主党和左派资产阶级政党之间的合作。

① 即斐迪南·拉萨尔（Ferdinand Lassalle, 1825—1864），普鲁士法学家、哲学家、社会主义者和政治家，德国早期工人运动著名领导人。——译者注

② 即奥古斯特·倍倍尔（August Bebel, 1840—1913），德国社会主义者、作家、演讲家，德国社会民主党创始人之一。——译者注

③ 即汉斯·德尔布吕克（Hans Delbrück, 1848—1929），德国历史学家，现代军事历史学家之一。——译者注

工会领袖卡尔·莱吉恩提出了民族主义政策。1918年8月4日，社会民主党提出国防政策时，得到了大多数无产阶级的热烈拥护。直到盟军的封锁迫使帝国实行配给制度，社会民主党领导人的政策才受到德意志民众质疑。当时，整个德意志帝国盛行失败主义。与社会民主党领导人不同，无产阶级对军事战败带来的社会经济问题无动于衷。然而，无产阶级对世界大战的看法，最初是出于民族主义考虑的，而民族主义是德意志帝国在1914年同意加入世界大战的基础。

世界大战期间，社会民主党的目标是控制帝国议会、参与社会生活、建立民主政权。1916年，谢德曼宣布，社会民主党已经壮大，希望拥有政治权力。简言之，德意志社会主义拒绝之前的教条，以确保在议会中获得成功。自1917年以来，社会民主党成为议会三大党之一。

然而，如果不是德意志帝国所有社会主义者做出牺牲，社会民主党在议会中就不会成功。自马克思和拉萨尔以来，这种英勇的牺牲精神就一直存在。社会民主党的团结并没有因修正主义的冲击而瓦解，却因世界大战和布尔什维克主义而遭到破坏。1914年8月4日，社会民主党投票支持世界大战，但党内大多数人反对帝国政府将战争定义为征服性质。在党内决定性投票中，时任领导人的哈泽和其他十三位成员投票反对帝国政府。与之相反，爱国的社会民主党领导人，包括才华横溢的路德维希·弗兰克，决定无论如何都支持帝国政府。在这种情况下，社会民主党内部的团结岌岌可危。社会民主党右翼很明显是民族主义倾向，中间派维持威廉二世宣布的自卫战争，而左翼不信任帝国主义，坚持社会主义的原则，即使失去大量支持者也要坚持原则。然而，社会民主党的原则性很强，并且崛起的德意志帝国影响力巨大，因此，激进的少数接受了大多数人的观点，投票支持世界大战。事实上，作为社会民主党发言人的哈泽曾说过：“在危险时刻，我们不会抛弃自己的国家。”然而，社会民主党联合起来支持世界大战的时间很短。随着泛日耳曼主义意志主义的发展，危机很快就爆发了。

1915年同盟国的胜利，深深影响了德意志无产阶级。泛日耳曼主义者因胜利而受到鼓舞，要求继续战争。1915年2月，著名社会民主党党员沃尔夫冈·海涅惊呼，击败敌人是德意志社会民主党支持战争的唯一目标。达维德[①]在同一时期写了宣传册，题目为“我们是在进行一场征服战争吗？”

法国分裂德意志帝国的某些计划在协约国传播，德意志帝国的大型工业集团、金融集团和爱国团体通过公开这些计划加大了吞并比利时、法国和俄国领土的宣传。在1915年12月9日举行的帝国议会会议上，首相贝特曼-霍尔韦格最终表示，帝国政府接受了泛日耳曼主义的部分征服计划。谈到最终的和平条件，贝特曼-霍尔韦格提出，德意志帝国在比利时问题上必须有决定权。贝特曼-霍尔韦格提到德意志帝国最近的胜利，并说：“本次战争取得的重要胜利打开了通往近东的开放之路。无论是在东线还是在西线，今天，我们的敌人不敢入侵帝国，但明天可能会威胁我们，甚至比以前更严重。”作为资产阶级的发言人，德意志天主教中央党人施潘支持吞并其他国家领土的计划。作为四百万选民的代表，一位社会民主党人回答说：“我们要求放弃征服计划。”1915年12月21日，帝国政府要求帝国议会支持世界大战。

第2节　独立社会民主党

长期以来，德意志帝国的战争政策受到质疑，并且导致社会民主党

① 即爱德华·达维德（Eduard David, 1863—1930），德国政治家，社会民主党人，德意志政治劳工运动的重要人物。——译者注

的分裂。社会民主党的核心成员以六十六票赞成、四十四票反对的微弱票数，同意支持政府的战争政策。自此，哈泽成为一部分社会民主党人的领袖。这部分社会民主党人谴责社会民主党支持帝国政府的行为，指责社会民主党放弃了1891年在埃尔福特制定的原则。1916年3月24日，哈泽在帝国议会发表演讲，重申了这部分社会民主党人的立场。当时，达维德指责因哈泽反对而使世界大战延长。

1917年4月，脱离社会民主党的这部分成员召开会议，成立了独立社会民主党。他们重申了马克思主义的基本原则，谴责各种妥协和机会主义，并秘密实行革命政策。

自此，独立社会民主党致力于推翻帝国，并吸收了一部分社会民主党人，迅速建立新的组织机构，在极短的时间成为政治高效、组织完善的政党。虽然社会民主党支持《布列斯特—里托夫斯克和约》和《布加勒斯特条约》，认可苏维埃俄国退出世界大战，但布尔什维克主义的成功鼓舞了独立社会民主党进行革命。通过独立社会民主党的宣传，建立革命工人士兵委员会的计划在德意志各地甚至前线都得到了推广。独立社会民主党相信无产阶级政权会使资本主义国家迅速转变，并为德意志生产资料和分配资料的社会化制订了计划。

第3节 斯巴达克同盟

作为少数派的独立社会民主党刚刚组织起来时，社会民主党左派就出现了极端分子组成的捍卫共产主义的革命组织，自称斯巴达克同盟。

威廉·李卜克内西[①]的儿子卡尔·李卜克内西是斯巴达克同盟的创始人。斯巴达克同盟最后发展为德意志共产党。斯巴达克同盟的发展及其对马克思主义的新解读是世界大战和布尔什维克主义兴起的直接结果，也是德意志社会主义发展史上最重要的事件。

卡尔·李卜克内西认为德意志帝国对世界大战的爆发负责任，并谴责德意志帝国和奥匈帝国统治者的道德问题。在世界大战的第一年，卡尔·李卜克内西拒绝支持社会民主党的民族主义政策。1916年5月1日，在柏林波茨坦广场，卡尔·李卜克内西发表了反对德意志帝国的革命演说。因为破坏社会民主党的团结和纪律，卡尔·李卜克内西被开除出社会民主党，后来还因召集民众推翻帝国政府而被逮捕和监禁。尽管如此，卡尔·李卜克内西对社会民主党民族主义战争政策的抗议得到了罗莎·卢森堡的支持。罗莎·卢森堡是德意志社会主义运动中卓越的女性革命者。由于卡尔·李卜克内西、罗莎·卢森堡等领导者的努力，一批在帝国议会没有代表权的斯巴达克同盟成员开始提议采用1905年俄国革命[②]的方法，立即实现工业社会化，并开始无产阶级的世界革命。

在威廉二世五十七岁生日之际，一系列署名"斯巴达克"的公开政治信中的第一封出现在德意志民众面前。这些信是发给社会民主党领袖的，内容是主张将全世界的社会主义组织团结起来。斯巴达克同盟宣称，只有在整个欧洲大陆都发生革命的情况下，才有可能建立永久的社会主义社会。民族革命应被视为实现这一目标的手段。1916年8月12

① 威廉·李卜克内西（William Liebknecht, 1826—1900），德国社会主义者，德国社会民主党的主要创始人之一。在其领导下，德国社会民主党从小党派逐步发展成德国最大的政党。——译者注

② 指1905年到1907年，在俄国发生的一系列大规模的工人罢工、农民起义和军队起义。革命过程中，俄国进行了宪法改革（即"十月宣言"），包括成立国家杜马，实行多党制，并于1906年颁布了俄国宪法。——译者注

日，一篇题为《回顾与展望》的文章披露，大多数信是卡尔·李卜克内西所写。这些信在德意志帝国流传，甚至传到了前线。1916年9月20日后，这些信公开印刷。尽管有帝国警察和审查人员，但德意志民众仍然读到了这些信，内容是谴责世界大战，倡导共产主义。开姆尼茨的《大众之声》还广泛宣传了部分信件的内容。这份社会主义报纸发表尖锐的抨击，指责哈泽和独立社会民主党胆小、缺乏远见。斯巴达克同盟称："我们的目标是共产主义，建立无政府状态下的自由之地。"

德意志无产阶级不知道"斯巴达克"一词起源于领导同伴和奴隶战斗的罗马角斗士，而这个新名称有助于斯巴达克同盟宣传。斯巴达克同盟宣传人员指出，早在1849年，诗人和革命者戈特弗里德·金克尔就选择"斯巴达克"作为一份周刊的名称。另有人回忆说，1877年，《自由报》出版商约翰·莫斯特飞往美国前，向柏林工人说斯巴达克是罗马历史上唯一的伟人。

斯巴达克同盟的起源可以追溯到德意志帝国社会民主党内的共产主义运动。然而，布尔什维克主义成功之后，斯巴达克同盟才制定了纲领。斯巴达克同盟认同马克思主义者列宁对马克思主义的解释，采纳苏维埃俄国的制度作为党内纲领的基本组成部分。卡尔·李卜克内西和罗莎·卢森堡尝试立即发动群众，反对资产阶级统治的德意志帝国。他们坚信斯巴达克同盟的纲领正确而实用，准备迎接德意志无产阶级的迅速崛起。布尔什维克对斯巴达克同盟表现出浓厚兴趣，认为斯巴达克同盟是布尔什维克理想的真正代表，并资助斯巴达克同盟使其为推翻德意志帝国而努力。

"一切权力属于工人士兵委员会"成为斯巴达克同盟的口号。罗莎·卢森堡以布尔什维克主义为基本模式，制定了系统又明确的政治纲领，并使斯巴达克同盟与社会民主党、独立社会民主党划清界线。社会民主党反对立即社会化，主张资产阶级的民主学说和多数人统治，被斯巴达克同盟斥责为实用主义政治家；斯巴达克同盟嘲笑独立社会民主党是机会主义者，抛弃了马克思主义的原则。斯巴达克同盟宣称："工人已经没有国家可保卫了。"

斯巴达克同盟虽然人数不多，但早在德意志十一月革命之前，就成为德意志帝国具有革命性质的政党，坚持布尔什维克的意识形态，目标是在全世界发起革命。"真理在共产主义一边，"一位斯巴达克同盟的支持者写道："共产主义脱颖而出，得到全世界的支持，使斯巴达克同盟在道义方面占据了优势。"当德意志十一月革命把德意志交到社会民主党手中时，斯巴达克同盟是能够组建临时政府的三大政党之一。

第4节　社会化理论

德意志社会民主党对马克思主义的解释不尽相同，对建立"无国界共产主义社会"之前的过渡经济或社会化时期的性质也持不同意见。

在无产阶级看来，在世界冲突中，德意志资本主义的失败显而易见——德意志的经济状况不可能再恢复到战前。因此，社会化问题是停战前德意志社会民主党关心的问题之一。考茨基[①]认为，过渡时期的德意志无产阶级必须考虑所有阶级的利益，必须同国际无产阶级保持联系，必须防止国际经济战争。考茨基总结道："胜利取决于影响人类的重大历史因素。"

社会民主党将社会化定义为最终由人民的国家接管资产阶级手中的所有生产资料。所有社会主义者都承诺，革命首先能够带来经济自由。

① 即卡尔·考茨基（Karl Kautsky, 1854—1938），德国社会民主党和第二国际的领导人和理论家，社会民主主义活动家。——译者注

社会化旨在提高工人阶级的经济状况和理想状态，在生产过程中实现平等；并通过提高生产能力和分配能力，增加国家财富。大部分德意志工人陷入天真的想法，即社会化意味着工人拥有所有工厂，仅通过提高工资就可以获取珍贵的“剩余价值”。工人们认为分配剩余价值的合理方法是增加工资，由此引发了数百次罢工、暴动和地方骚乱。社会主义政党的三个派别虽然对社会化的定义是一致的，但在实现社会化的方法上存在分歧。

社会民主党面临的所有革命问题中，社会化问题是最难解决的。为德意志建立强大的革命民主政府，维护国家秩序和经济生活，与协约国达成公正的和平，这些都是社会民主党的目标。这些目标从根本上影响着社会民主党成立以来一贯的目标——社会化政策。

赫尔曼·穆勒[①]在对柏林社会民主党的讲话中说：“很遗憾，社会民主党在不适合社会化的情况下执政了。整个德意志的经济生活已经崩溃。由于缺乏社会化经验，我们不敢试验，必须谨慎行事。”

除非德意志的经济生活下降到苏维埃俄国的水平，否则，大多数无产阶级要求的革命权利都不可能实现。信贷制度、粮食供应、原材料供应及交通与市场的有序发展是社会化的必要条件，而德意志缺少这些前提条件。因此，社会民主党领导者提醒民众，社会化进程会很缓慢。甚至独立社会民主党的宣传人员也告诉无产阶级，社会化将持续几十年，而不是几天。社会民主党向民众做出承诺，并任命委员会来研究各种策略，制定法律，成立工厂委员会，推进社会化进程，但旧经济秩序实际上并没有任何改变。

然而，社会民主党意识到，某些行业可以立即实现社会化，并且

① 赫尔曼·穆勒（Hermann Muller, 1876—1931），德国社会民主党人，1919年到1920年，曾任魏玛共和国外交部部长，代表德国签署《凡尔赛条约》。——译者注

不会损害自身或国家利益，但社会民主党缺乏执行相应措施的能力。大多数资产阶级反对社会化，因为构建社会主义意味着对大多数人采取专政。然而，在这种情况下，社会主义者态度一致，都认同多数人统治的原则，之前也用少数服从多数的原则反对帝国专制。

社会民主党还指出社会化进程的某些局限性。从收益角度考虑，任何需要国家大量补贴的产业都不应社会化。其他技术性行业，例如，需要在车间不断引进新方法的产业，不适合直接社会化。一般来说，人们认为如电气、钢铁和化工等集体行业适合由国家控制。运输业、木材业等也适合直接社会化。伯恩斯坦说："社会化的首要任务是由德意志政府控制生产与经济活动。"

独立社会民主党是议会中唯一积极准备革命的政党，将生产方式和分配方式的社会化作为最终目标。1918年11月9日，独立社会民主党试图通过向社会民主党提出最低要求来捍卫革命，其可能担心那些务实的政治家会破坏革命，而不是结束革命。独立社会民主党认为国民议会会使资产阶级重新控制德意志。他们要求把最高政治权力交给工人士兵委员会并不是要效仿苏维埃俄国，而是要保障社会主义顺利实现。

独立社会民主党决定通过生产资料的逐步社会化完成革命，希望社会化由无产阶级独立完成。一旦社会化进程顺利，其他革命问题就能轻易解决。他们的口号是："只有工人阶级才能构建社会主义。"社会化的两大任务是废除工业私有制、建立社会主义生产秩序和分配秩序。

与斯巴达克同盟不同，独立社会民主党并不认同直接社会化是政治措施，而不是经济措施的观点。独立社会民主党的计划是逐步地、持续地执行马克思主义理论。独立社会民主党强调议会制度是社会化的必要条件，因为只有议会制度才能取代资本主义国家的行政机构。独立社会民主党意识到，某些行业可以很快实现社会化，而其他行业如果不是遇到经济困难等问题，就不能被国家接管。独立社会民主党强烈反对完全由工人接管工厂。独立社会民主党发现很难说服激进派工人，让其相信社会主义并不是由工人组织接管工业，而是由整个无产阶级接管。他们首先强调必须控制银行和信贷体系、控制必要的原材料及食物供应，以便使社会化成为可能。因此，独立社会民主党的计划与社会民主党的相似，只是独立社会民主党不相信推行社会化政策需要与国民议会的资产阶级政党合作。

在世界大战与德意志革命期间，通用电气公司总裁瓦尔特·拉特瑙提出了另一种社会化理论，属于非社会主义理论。瓦尔特·拉特瑙写了许多宣传册，引起了整个德意志的关注，并引发了激烈的批评和谴责。然而，他以超乎寻常的能力为自己的理论辩护。

在分析德意志的情况时，瓦尔特·拉特瑙写道："在我们面前的是列宁，如一头雄狮；在我们左边，是与协约国之间的竞争，如一条巨龙；而在我们中间的是妄想派斯巴达克同盟。"瓦尔特·拉特瑙抨击"平均分配"的社会主义学说，认为平均分配剩余价值就能保证幸福感，或者废除资本主义就能消灭贫穷的理论是错误的。社会主义要求平等和幸福，而"有计划的经济"要求生产力的增长和成本的降低。通过社会领域的立法，瓦尔特·拉特瑙提议建立由国家控制的工业体系。他提出的改革目标包括：统一国家经济；使工作变得崇高；缩短劳动时间；实现生活水平均衡；废除对无产阶级的限制；个人与政府承担彼此的责任；将统治变为领导，将服从变为自觉。改变"经济无政府状态"，在经济领域成立相关组织；使教育成为国家的最高职责；消除阶级差异，通过社会化，成立议会政府保障政治职责。

第5节　社会化遭到反对

尽管少数德意志民众大声疾呼，要求立即社会化，但批评社会化的声音更高。这其中主要包括社会民主党、工会主义者、经济学家、知识分子、中产阶级，还有资本家。社会民主党领导者深信社会化进程很缓慢，批评社会主义者对政府的政策缺乏耐心。社会民主党领导者得到了工会大多数人的支持。工会称革命后的第一年不适合社会化，无论如何，社会化过程都很缓慢。工会还抗议劳工组织干预经济纠纷，并自诩控制德意志的社会化运动。工会的目标是保证所有行业的优惠关税，由于工会必须履行与雇主签订的工资合同和劳动合同，对无产阶级持保守态度。伯恩斯坦是伟大的社会主义理论家之一，他曾说过，要实现生产的普遍社会化，必须进行长期改革。在这一点上，伯恩斯坦得到了工会的支持。考茨基宣称："建立共和国和建立社会主义有明显差异；在有利条件下，几个小时就可以成立共和国，但构建社会主义需要几十年的努力。"

对知识分子和经济学家而言，社会化是"困境中的尝试"，或者说是"经济试验"。宣传人员说没有竞争，就不会进步。欧肯[①]抨击社会化打着社会自由的幌子，实际上是压迫。社会民主党断言，如果继续盲目支持社会化，就无法恢复德意志工业，也无法为前线回来的士兵提供工作。瑙曼[②]大胆宣布，虽然社会民主党拥有了绝对的政治权力，但社会化还不可能实现。即使是社会民主党，也意识到由于德意志的联邦性

---

① 即鲁道夫·欧肯（Rudolf Eucken, 1846—1926），德国著名哲学家。——译者注

② 即弗里德里希·瑙曼（Friedrich Naumann, 1860—1919），德国自由党政治家和新教教区牧师，将自由主义、民族主义和非马克思主义的社会主义与基督教新教价值观相结合，提出通过社会改革的方法阻止阶级斗争。——译者注

质，社会化很难实现。正是这一事实对萨克森州的社会化产生了重大影响。天主教耶稣会的学者们抨击社会化与其他革命学说，并提出了重建德意志经济生活的天主教计划。

其他宣传人士指出，即使煤矿企业、钢铁企业、化工企业、保险公司和电力公司国有化，仍然无法解决社会化的问题。据估计，德意志国民财富为三千亿马克，投资于股票公司的金额为二百一十亿马克。批评人士表明，德意志民众的全部财富中只有百分之七投资于公司股票。由于不可能将德意志所有工厂和公司在没有经济危机的情况下变为公有或国有财产，如果要实现社会化，就必须有计划地采取行动。考茨基、伯恩斯坦和库诺[①]都指出将工业收归国有的过程中，必须补偿原所有人，这就使社会化变得更复杂。西蒙部长代表政府宣布，共和国不会没收财产，但收归国有的财产原所有人将得到充分补偿。

最后，批评者认为，如果不允许购置私有财产，工业中的技术更新和管理更新将会中断，生产将会下降。国有化作为社会化的第一步，将使一批工人感到满意；但这不可避免地会导致减产。然而，考茨基相信，社会革命后，习惯、纪律和社会化的吸引力会使无产阶级继续工作。非社会主义批评家的结论是，只有一小部分生产资料可以社会化，其余生产资料必须由私人所有和私人控制。

德意志十一月革命未能实现工业国有化的社会主义理想。坦率地说，德意志社会主义没有完成既定任务，就被迫尝试解决国家重建的更大问题，并承担世界大战带来的国际责任。多年来，社会民主党一直喊着“全世界的无产阶级联合起来”，自己却分裂了，并且没有希望挽回。社会主义派别之间的分裂导致德意志未能建立社会主义国家。然

① 即海恩里希·库诺（Heinrich Cunow, 1862—1936），德国社会民主党政治家和马克思主义理论家。1917年到1923年，担任社会民主党理论刊物《新时代》的编辑。——译者注

而，社会化是德意志十一月革命的伟大理想，合理的社会化是德意志无产阶级的唯一希望。

第5章

政党之间的权力斗争

The Struggle of Parties for Power

第1节　六位委员组成的新政府[①]

德意志民众同意社会民主党和独立社会民主党取得政权，因为只有他们反对泛日耳曼主义的破坏性政策。为了效仿革命联邦政府模式，德意志采取联邦共和国的形式，社会民主党和独立社会民主党在几个州建立了联合政府，行使政治权力。旧的帝国制度包括专制制度和二十几个君主政体，一周内就消失了。德意志的君主思想暂时也消失了。获得权力的革命者立即大赦政治犯，推行八小时工作制，保障平等选举权、集会权和新闻自由，镇压军国主义，提高工会地位，废除影响劳工的战争立法。革命思想的胜利证明了德意志十一月革命是一场真正的革命。

然而，六位委员组成的新政府极不团结；新政府没有计划，并且面临严峻的革命问题。社会民主党希望重建国内秩序，在几个州建立民主政府，召开国民议会，并与协约国达成初步和平协定。独立社会民主党

① 1918年11月9日，德意志首相巴登亲王将权力交给社会民主党主席艾伯特。1918年11月10日，由社会民主党与独立社会民主党各三位代表组成了新政府，即人民代表议会的革命政府，分别由弗里德里希·艾伯特与哈泽领导。1918年11月到1919年1月，德意志实际上由六位委员组成的新政府，即人民代表议会统治。——译者注

希望发展无产阶级政权，建立委员会制，逐步开始社会化，为国家的社会主义建设做准备。然而，在帝国瓦解的巨大压力之下，独立社会民主党退缩了。独立社会民主党有充分理由担心复员士兵可能会起义，只得被迫接受社会民主党的计划。是应该立即进行生产资料和分配资料的社会化，还是只有那些具有集中化倾向的工业才可以社会化？是召开国民议会表达德意志民众的意愿，还是按照苏维埃俄国的路线发展革命？针对这些问题，临时联合政府和德意志民众产生了分歧。许多社会民主党人在世界大战前曾主张统一国家，因国民议会延迟召开、国家迟迟未能统一而气愤。另一些社会民主党人则抨击临时政府改组普鲁士和其他州的各部门，使德意志联邦制持久化。独立社会民主党指责新政府，因为它反对革命发展，反对柏林议会的执行委员会。

从1918年11月10日到12月29日，六位委员组成的新政府完成了大量建设性工作。他们的工作是从同意停战条件开始的。1918年11月12日，艾伯特、哈泽、谢德曼、兰茨贝格、迪特曼和巴尔特向全国发表了以下宣言：

> 革命后成立的政府，政治方面采取社会主义政策，以实现社会主义为目标。政府立即以完全的法律效力宣布下列法令：
>
> 1. 废除全国封锁状态。
>
> 2. 保障工会权利和集会自由。官员和政府工作人员同样享有工会权利和集会自由。
>
> 3. 废除审查制度。废除剧院审查制度。
>
> 4. 言论自由，表达自由。
>
> 5. 保障宗教自由。不得强迫任何人从事任何宗教活动。
>
> 6. 特赦所有政治犯。撤销针对政治犯的诉讼。

7. 除了争议解决条例之外，废止与国家救济服务相关的法律。

8. 废止家政服务条例和专门针对农业劳动者的法律。

9. 在世界大战开始时废止的有关劳动保护的法令，现在再次生效。

更多的社会法令和政治法令也将公布。八小时工作制最迟将于1919年1月1日生效。政府将尽其所能提供充足的工作机会。草拟条例、保护需要赡养的人群。所有费用由帝国、各州和市政府三方承担。

在疾病保险方面，工人保险的额度将超过现行的两千五百马克。

征用未使用的住房，解决住房问题。

政府正在研究与国家食品管理有关的问题。

政府将维持既定的生产；保护私人财产不受他人干涉；维护个人的人身自由和人身安全。

此后，所有公职选举均应根据平等、保密、直接和全面的原则；二十岁以上的男性、女性都要按比例参与普选。

此选举法也适用于制宪议会，与制宪议会有关的条例随后颁布。

此宣言是联合政府的首次民主胜利，宣言保证社会民主党和独立社会民主党将召开制宪议会。独立社会民主党与社会民主党态度一致，因为他们担心军队起义，害怕战败的陆军和水兵总罢工蔓延到全国各地，从而导致无政府状态。1918年11月，德意志社会民主党和独立社会民主党获得了胜利，因为倡导共产主义的斯巴达克同盟在第一次失败后，未能团结起来，采取切实可行的政治行动。

第2节　停战后德军回国

当无产阶级因革命而欢欣鼓舞时，1918年11月11日，德意志政府宣布了停战条件。莱茵河西岸和中立区德军的撤离、车辆和物资的损失、舰队的投降及协约国封锁的继续，让德意志面临严重困难。各方都认为归来的德军可能影响革命的有序进行。人们很担心发生混乱，德军起义可能席卷全国，摧毁地方政府，扰乱交通和粮食供应。

尽管德意志发生了革命，但在西线的冯·兴登堡和格勒纳领导下的德军几乎完好无损。各师、军、集团军参谋继续指挥部队，各旅、团、营看似纪律良好。尽管德军失败了，但德军老兵步兵团仍忠于他们的指挥官；在士兵委员会的协调下，德军仍然服从命令。最重要的是，冯·兴登堡仍然留在斯帕的德军总参谋部，并且立即开始把德军与补给运到德意志内陆。革命政府努力维持国内外秩序，而并非如协约国所说，秩序混乱。1918年11月12日，德意志政府要求德军总司令部严格遵守纪律，以便德军安全撤退。政府发布公告，要求德军官兵之间要相互信任，任何情况下都遵守军纪、保持秩序；在管理军需、安排休假和纪律处分等方面，士兵委员会有发言权，防止德军内部发生混乱和起义；德军各级军官和士兵口粮分配基本平均；军官和士兵同时提高待遇，获得同等的外勤津贴；除非出于自卫或防止被抢，否则任何情况下德军都不能对德意志民众使用武器。

停战协定签署时，德军仍在进行一系列战斗，以掩护军队撤退到安特卫普—默兹河线。在利斯河、埃纳河、默兹河、斯海尔德河和阿尔贡的战斗中，德军节节溃败。1918年11月12日，德军开始撤离被占领区域，进入德意志内陆。第一军、第二军、第三军、第四军、第五军、第六军、第七军、第十七军、第十八军和第十九军和陆军A、B、C支队经洛林、莱茵普法尔茨和莱茵省撤退至德意志内陆。

在其他战线，德军的撤退并非如此有序。1918年10月30日，巴勒斯坦的战争结束时，德军全面撤退。1918年9月15日之后，在马其顿和塞尔维亚的德军开始撤退。1918年9月29日，德军和保加利亚叛军在索非亚附近战斗。1918年11月2日，最后一支德军越过萨瓦河和多瑙河，在二元君主政体奥匈帝国的土地上驻扎。在小亚细亚和叙利亚的德军都撤退到君士坦丁堡。高加索地区德军的其他分遣队穿过乌克兰向德意志边境撤军。

巴尔干半岛的马肯森集团军[①]由德军第十一军、占领罗马尼亚的部队及土耳其和高加索的部队组成，于1918年11月12日开始经由匈牙利和奥地利撤退回德意志。

由德军第二十军参谋部和四个精疲力竭的师组成的基辅集团军于1918年11月16日开始从乌克兰撤退，直到1919年3月16日才全部撤离乌克兰。与此同时，经协约国和相关国家的同意，德军第二十四军继续占领立陶宛、拉脱维亚和白俄罗斯部分地区。

普鲁士军事体系的最后一个伟大成就是迅速准确地把西线德军带回德意志。由于德军撤退迅速，老兵又非常守纪，所以撤退的德军没有沦为叛军。德军传统的普鲁士精神长久存在，有助于德军从西线撤退。社会民主党的宣传册上说，士兵委员会的委员虽然肩上没有银质勋章，没有头衔或职位，但在德军撤退的过程中贡献巨大。然而，宣传册上的这

① 马肯森集团军，德意志帝国军队的集团军之一。第一次世界大战期间，于1916年8月28日到1918年5月7日，在德军元帅马肯森的指挥下对罗马尼亚作战。此集团军成立于1916年8月，从南部进攻罗马尼亚。——译者注

种说法只是个别情况。忠于德意志的普鲁士军官才是德军成功撤退的关键，德军的成功撤退是腓特烈大帝、沙恩霍斯特[①]和毛奇指挥过的军队的最后一次伟大行动。

然而，德军撤退还是造成了严重混乱。莱茵兰的士兵委员会在维持秩序方面面临巨大困难。莱茵河的所有过境点都设置了岗哨，以收留散兵和逃兵。在德军通信线上，德军因士兵起义而损失了数十亿马克的补给，后果非常严重。当德军军官离开指挥部后，士兵们抢劫了仓库和火车。在比利时，德军士兵经常向民众抛售武器和物资。德军军官从比利时逃离时，士兵委员会还存有价值数百万的物资。德军抛售武器和物资的情况非常严重，迫使政府发布公告说，西线的士兵委员会处于危险之中，德军士兵不能再抢夺、没收仓库和运输途中的物资。

1918年11月28日，冯·兴登堡发布命令，规定所有士兵在正式复员前都要留在军队，1896年到1899年招募的士兵将尽快复员。政府尽力避免德军士兵对军官的敌意。德军士兵对军官的敌意导致许多指挥官被免职。多数情况下，士兵夺下军官的武器，撕破军官的肩章，并虐待这些因傲慢无能而败坏德军士气的军官。此类情况在预备役部队和通信部队中更普遍。德军参谋部和士兵委员会之间不时爆发冲突。冯·伯恩将军和冯·穆德拉将军不认同士兵委员会的命令。在某些复员工作点，士兵委员会解除了退伍军人的武装，并剥夺了国家赋予他们的权利。德意志革命后不久，在柏林，政府官员成立了德意志军官联盟这一新政治组织，以保障他们的职位。随后，部分在政治方面不满的军官组成了德意志军官全国联盟。

虽然很多士兵委员会浪费或销毁了大量食物或物资，但大多数士兵

① 即格哈德·冯·沙恩霍斯特（Gerhard von Scharnhorst, 1755—1813），普鲁士将军和军事改革家，是普鲁士总参谋部的奠基人。——译者注

委员会还是帮助了德军。各地的德军出现很多问题，难以维持秩序。例如，德意志正规军军官中有百分之三十九都死在了战场上，而现在整个军官阶层都遭到革命者的猛烈攻击。老兵们支持德军军官。1918年12月1日，来自二百二十个师的士兵委员会的三百名代表在埃姆斯河会面，在无政府状态时期，士兵委员会属于保守派。

东线德军的条件虽然存在差异，但整体不如西线。占领波兰的德军，特别是洛林战时后备军，匆忙撤离波兰，抛弃了宝贵物资。实际上，普鲁士军队同意被波兰军队解除武装。波森、西普鲁士及西里西亚部分地区的波兰军队认为这些领土已经属于波兰。随着德军在波罗的海地区，尤其是明斯克、立陶宛和库尔兰等地的撤退，苏联红军紧随其后。当面对布尔什维克主义时，拉脱维亚的德军选择了逃跑。在匈牙利，马肯森[①]率领的德军被协约国拘禁。

海军的复员并没有出现类似问题，虽然德意志革命已经摧毁了曾经在日德兰作战并获得辉煌胜利的德军舰队的士气。1918年11月12日，柏林政府发布命令，要求海军军官佩戴军衔徽章，并要求海军士兵委员会协助维持纪律。命令还包括必须停止任何破坏战舰和物资的行为，所有海军官兵必须执行停战协定的条款。政府宣布“只有忠实地执行停战协定条款，我们才能获取和平”。德军交出舰队时遇到了一些困难：海军士兵要求加五百马克的保险费才能行驶到英国指定的港口。英国海军部队进入基尔、威廉港和但泽，了解停战协定的执行情况，而协约国在波罗的海和北海继续实行封锁。

德意志陆军和海军复员的结果是大部分德军接受了革命。实际上，这是德意志海军首次反抗帝国的起义。通常情况下，复员的士兵是支持

① 即奥古斯特·冯·马肯森（August von Mackensen, 1849—1945），德国陆军元帅，第一次世界大战中的著名将领。——译者注

德军的核心力量，其保守程度远远超过了社会民主党的预期。退伍老兵对德意志革命进程有决定性影响，在很大程度上是德军帮助德意志摆脱了布尔什维克主义制造的混乱。

第3节　工人士兵委员会

德意志革命第一阶段最具特色的政治和经济变化是德意志各地成立了工人士兵委员会。革命力量夺取了地方政权，改变了以往的政治经济生活。工人士兵委员会作为革命力量和行政机构，极大地促进了德意志各地政府的民主化进程。

工人士兵委员会制度起源于1905年的俄国革命。在这场针对沙皇的革命斗争中，产生了一种新型高效的革命组织，称为“工人代表委员会”。该委员会建立在大型工厂中，是俄国革命运动的中坚力量。由于俄国军队对沙皇的忠诚，工人代表委员会的革命努力失败了。然而，1917年俄国革命期间建立的士兵委员会与工人代表委员会共同构成了布尔什维克苏维埃政府的基础。德意志社会民主党曾尝试在英国车间工人代表制度的基础上建立革命组织，但在1917年采用了苏维埃俄国的做法，建立了工人士兵委员会制度。从效率角度考虑，工人士兵委员会制度鼓励民众积极参与政府事务，比议会制更适合在德意志建立无产阶级专政，也更适合实现社会主义。无产阶级不满工会秘书管理制、政党秘书管理制，因此，1918年11月，自发采用工人士兵委员会制度。

工人士兵委员会制度的革命目标是完成社会主义革命，建立共产主义社会。工人士兵委员会制度的革命目标包括政治和经济两个方面。政治上，统一了工人士兵委员会的立法权和行政权，废除定期选举，无产阶级享有选举权，这实际上将国家的政治权力交予工人。工人们以公社为单位，根据职业每一千名工人组成一个委员会，并选出公社委员会的代表。随后，来自所有公社的委员会代表再组成上一级工人士兵委员会，处理政务。工人士兵委员会和委员们撤换了市政府官员、治安官和警察。公社组成区，区组成省，而各省隶属于全国工人士兵委员会。全国工人士兵委员会将选出执行委员会，每年进行两次选举，也可以罢免或换届，行使国家的最高权力。

无产阶级要求积极加入政府组织，而不仅仅拥有选举权。社会民主党和工会为建立无产阶级政府所做的努力，在某种程度上受到了工人士兵委员会制度中罢免条款的限制。建立无产阶级政权的做法源自苏维埃俄国，但政权的原型是1871年的巴黎公社[①]。事实上，工人士兵委员会制度比工联主义或车间工人代表制度更有效地根除了选举中遇到的问题。面对德意志民众对政府盲目模仿苏维埃俄国体制的指责，最好的回答是1918年11月到1919年3月的工人士兵委员会的发展。

工人士兵委员会制度在经济方面的目标是通过无产阶级的帮助来实现社会主义，建立一个完全由无产阶级控制国民经济生活的经济体系。除了政治委员会，还按照行业不同，分别成立了车间委员会，像政治委员会一样，组成各区、各省委员会。各省选举中央经济委员会代表，在经济政策问题上行使国家最高权力。建立中央经济委员会被认为是德意志经济革命的大胆举措。中央经济委员会的主要职能是维持社会主义生产过程顺利进行。

然而，从经济角度看，建立中央经济委员会很危险，也并不是必要的。工会组织强大有序，保护工人的利益，并且已经在行使权力。工会反对建立经济委员会，这极大地影响了委员会的发展。最终，为避免经

① 巴黎公社，具有革命性质的社会主义政权，于1871年3月18日到5月28日短暂地统治巴黎两个月。——译者注

济委员会和工会之间的竞争，政府采取了中立态度。

1918年11月，工人士兵委员会制度在德意志已经广为人知。苏维埃俄国的宣传者、社会主义组织者，甚至资产阶级宣传者宣传了工人士兵委员会制度。然而，工人士兵委员会的实际运作与理论完全不符。

尽管汉萨同盟城市与德意志南部的工人士兵委员会，以及前线的士兵委员会曾经是德意志革命的拥护者，但直到柏林起义，工人士兵委员会才在德意志得到普遍认可。1918年11月10日是红色星期日，第一届工人士兵委员会会议在布什马戏场举行，标志着德意志工人士兵委员会制度的开始。三百多名代表出席了会议。从一开始，会议代表就包括了社会民主党、独立社会民主党、斯巴达克同盟和资产阶级政党。工人士兵委员会中的士兵强烈倾向于合作。艾伯特宣布社会民主党和独立社会民主党已同意合作，这受到热烈欢迎。但在执行委员会的选举中，独立社会民主党和斯巴达克同盟提名的名单中只包含各自的党内成员。激烈竞争立即展开，最终选举出的执行委员会由六位社会民主党成员与六位独立社会民主党成员组成。在国民议会召开之前，执行委员会在德意志享有最高权力，并确认选举出六位已经在政府就职的委员组成政府。随后，工人士兵委员会又向德意志无产阶级发出公告，宣布成立社会主义共和国。

此次工人士兵委员会会议后，组成了联合政府。1918年11月10日晚，六位委员组成的新政府与执行委员会的成员召开会议，认真讨论各自的职责范围。会议商定，工人士兵委员会应继续在前普鲁士议会上议院举行常设会议，以成为真正的执政机构。联合政府应该对柏林工人士兵委员会负责。这次会议在理论上确立了无产阶级专政，但实际上建立了保守社会主义性质的执政体系。同时，会议加强了社会民主党的地位。1918年11月12日，工人士兵委员会发布公告，宣布所有公社、各地区，以及德意志政府、军事部门与行政部门的事务照常进行。这是工人士兵委员会的保守做法，有效地缓解了德意志行政部门纪律松弛的问题。1918年11月14日，柏林独立社会民主党发布由迪特曼和哈泽签署的命令，宣布工人士兵委员会是德意志的最高政治权力机构，社会民主党无权发动革命。随后，有独立社会民主党成员指责社会民主党支持冯·兴登堡享有军事权，并计划召开国民议会。独立社会民主党宣称："如果柏林政府高举号角，有阶级意识的无产阶级就会拿起武器来扫除革命障碍。"然而，独立社会民主党的反对呼声摇摆不定，经过与社会民主党长时间的辩论后，实际上同意了于1919年1月19日进行国民议会选举。

1918年11月19日，柏林工人士兵委员会召开第二次重要会议。柏林工人士兵委员会主席米勒在开幕词中说："我们不会建立民主共和国，而要建立社会主义共和国。我誓死反对通往制宪议会的道路。"随后，柏林工人士兵委员会通过了召开全国工人士兵委员会会议的决议。独立社会民主党认为临时政府必定垮台，因为柏林工人士兵委员会称资产阶级要求召开国民议会是企图掠夺工人的胜利果实。然而，在柏林工人士兵委员会召开会议的同一天，市政府在柏林张贴了国民议会投票名单的公告。

柏林工人士兵委员会会议发言者称，即将召开的国民议会必须选举出权威的管理委员会，为德意志制定一部无产阶级民主性质的宪法。与此同时，谢德曼说明了德意志的现状，召开国民议会不是为了使德意志革命合法化，而是为未来的国家奠定永久的基础。只有这样，才能够建立与协约国谈判的政府。协约国不会承认独裁政权，也不会解除对独裁政府的"饥饿封锁"。如果革命者接受苏维埃俄国的援助，德意志的团结就会瓦解，协约国就会在苏维埃俄国援助德意志无产阶级之前占领柏林。

与此同时，工人士兵委员会无视临时政府的统治，迅速使德意志陷入混乱。工人士兵委员会挥霍了数百万马克。在数百个城镇，革命者叫停食品运输，没收物资，罢免官员，辞退公立学校校长和教师。多数情况下，各地工人士兵委员会认为自己享有自主权，无视柏林政府的命令。

临时政府和柏林工人士兵委员会之间权力的划分引起了全国普遍反对。在德意志南部，由柏林工人士兵委员会控制德意志的想法激起了民愤。巴伐利亚、符腾堡和巴登谴责柏林的极端恐怖，公开表示德意志南部必须掌握自己的命运。在莱茵兰，“脱离柏林”的呼声高涨。萨克森州虽然支持社会主义，但不认同柏林工人士兵委员会在取得革命控制权时的傲慢态度。黑森州州长乌尔里希谴责柏林当局未能维持秩序。

为了改变事态，1918年11月22日，临时政府与工人士兵委员会的执行委员会召开了会议。会议达成决议，随后，工人士兵委员会将把行政权力交给临时政府，而工人士兵委员会将成为“执行机关”。在国民议会召开之前，由柏林执行委员会行使最高权力，可以任命、解散德意志和普鲁士的内阁，还可以就“政府各部部长”的任命发表意见。1918年11月23日的会议正式公布了决议，执行委员会也呼吁1918年12月16日在柏林召开全德工人士兵委员会代表大会。

在决议中，执行委员会否认任何独裁的企图，敦促维护德意志统一，指出当前和平形势和粮食问题面临的危机，并要求已有的工人士兵委员会派出代表，因时间仓促，执行委员会无法建立无产阶级选举制度，没有时间选出新的工人士兵委员会代表。

同样是在1918年11月23日，执行委员会向德意志所有工人士兵委员会发布公告，要求不要干涉食品管理、原材料控制，不干涉支持新政府官员的行政工作。禁止各地工人士兵委员会没收公款、干涉船舶、铁路和邮政运输，或未经地方官员同意而任意批捕。最后，要求所有工人士兵委员会缓解住房状况，保障粮食供应，遵守卫生条例，并协助政府从前线运回德军士兵。

1918年11月的会议是社会民主党的胜利，也证明了艾伯特、谢德曼和兰茨贝格的能力。在分析政治经济形势、坚决拥护党内民主纲领的决心方面，谢德曼极其睿智。工人士兵委员会的执行委员中，社会民主党的力量使临时政府轻易获胜。然而，迫使工人士兵委员会与执行委员会达成协议的并不是社会民主党的意见，而是双方对德意志分裂的恐惧。

在全德工人士兵委员会代表大会召开之前，1918年11月25日，临时政府召开了联邦各州代表会议。会议旨在建立各州和临时政府之间的良好关系，讨论停战问题与国家重建问题。自1918年11月9日革命以来，民族团结一直面临威胁。在劳芬贝格①的影响下，汉萨同盟城市汉堡曾尝试与苏维埃俄国谈判。艾斯纳派弗尔斯特②教授作为巴伐利亚自由邦代表前往瑞士，直接与法国总理克列孟梭谈判。其他联邦州的政府首脑曾公开谴责柏林的极端错误统治。

在首相官邸举行的联邦各州代表会议上，作为巴伐利亚州的代表，艾斯纳攻击了德意志政府的两位部长，即佐尔夫和埃茨贝格尔，这二人在世界大战期间不断与协约国妥协。艾斯纳称协约国不会与旧制度的领导人谈判，应当选出五名至七名不妥协的人，成立专门机构，指导停战谈判。

① 即海因里希·劳芬贝格（Heinrich Laufenberg, 1872—1932），德国共产主义领导者，也是最早提出国家布尔什维克主义思想的学者之一。——译者注

② 即弗里德里希·威廉·弗尔斯特（Friedrich Wilhelm Foerster, 1869—1966），德国学者、教育家、和平主义者、哲学家，以公开反对纳粹主义而闻名。——译者注

其他代表主张立即召开国民议会。所有人都认识到必须停战，重组工商业，制定德意志共和宪法。会议最后决定，必须维持德意志统一，尽快召开国民议会。其间，工人士兵委员会应代表德意志民众的意志，临时政府应设法与协约国达成初步和平协定。

在柏林召开工人士兵委员会会议是自德意志帝国垮台以来，为重建统一的德意志而采取的第一个重大行动。虽然会议是无产阶级召开的，但被资产阶级誉为德意志重建秩序的首次正式尝试。1918年12月1日，艾伯特在对柏林社会民主党的讲话中表达了这一观点，他说德意志革命不会建立德意志独裁或奴役，而是坚定地确立自由。9日，柏林工人士兵委员会起草了一项决议，表示将讨论国民议会、经济领域社会化、停战协定、建立社会主义共和国、选举产生全德工人士兵委员会的执行委员会等问题。

在这一时期，斯巴达克同盟的领袖卡尔·李卜克内西试图通过频繁的街头示威活动为无产阶级专政铺路。1918年11月21日晚，一支斯巴达克同盟队伍袭击了警察总部，但之后被击退，损失惨重。21日，卡尔·李卜克内西向其支持者宣布，全世界的革命结束时，法国、英国和美国的无产阶级将帮助德意志。

1918年12月6日，外交部的几位保守派人士，包括马图施卡伯爵、莱茵巴本[①]和情报局局长冯·施图姆，策划了一场反革命政变。在几百名士兵和学生的领导下，反革命运动的先锋到首相府邸前游行，宣布艾伯特为德意志总统，占领了普鲁士议会上议院，并在上议院逮捕了工人士兵委员会的执行委员会委员。虽然临时政府很快恢复了秩序，但工人中有传言说一场反动政变推翻了临时政府。12月6日晚，两支斯巴达克

① 即维尔纳·冯·莱茵巴本（Werner von Rheinbaben, 1878—1975），德国外交官、作家。——译者注

同盟队伍试图到威廉大街，但被卫兵击退，造成了四十人死亡。此时，在汉堡、哈雷、杜塞尔多夫、什未林和多特蒙德的斯巴达克同盟发起袭击。12月6日，慕尼黑的斯巴达克同盟成员占领了主要报社，并迫使社会民主党人埃哈德·奥尔辞去职务。

1918年12月8日，星期日，社会民主党、独立社会民主党和斯巴达克同盟成员在柏林示威游行。8日晚，卡尔·李卜克内西带着数千名支持者前往威廉广场，广场上全是柏林共产主义者。卡尔·李卜克内西坐在车上，鼓动示威者，而临时政府的官员静静地站在首相府邸昏暗的房间里。卡尔·李卜克内西指着1878年曾召开柏林会议的首相府邸大厅大声喊道："这些官员是叛徒，是分离国家的人。虽然我们有能力推翻他们的统治，但今晚我只想高呼'社会革命万岁，世界革命万岁'。"

关键时刻，独立社会民主党成员巴尔特出现在首相府邸亮着灯的阳台上。虽然他曾是计划推翻帝国的革命策划者之一，但聚集的民众对他嗤之以鼻。巴尔特高声谴责卡尔·李卜克内西反对社会民主党政府。在两位革命领导人激烈辩论后，游行队伍散去。这次示威游行影响了独立社会民主党，使他们看到与社会民主党的合作会使自己的激进支持者与自己渐行渐远。独立社会民主党的左翼公开主张与斯巴达克同盟结盟。

第4节 全德工人士兵委员会第一次代表大会

1918年12月16日，在柏林举行的全德工人士兵委员会第一次代表大会是十一月革命爆发以来最重要的一次会议。德意志的未来掌握在胜利的无产阶级手中。自1918年11月9日德意志革命以来，国家首次有机会就重大革命问题表达观点。卡尔·李卜克内西说得很正确，参加全德工人士兵委员会第一次代表大会的代表必须决定是否继续推进1918年11月开始的革命，使之发展成德意志无产阶级的社会主义革命。参加全德工人士兵委员会第一次代表大会的代表大都品格高尚、能力非凡，说明帝国瓦解之前的最后十年里，社会民主党的教育工作取得了成功。大多数参会代表都认真负责，政治能力强。他们意识到德意志面临的问题，并决心迅速解决面临的困难。

在普鲁士众议院拥挤的大厅里，米勒致欢迎辞，正式宣布大会开幕。他指出巩固革命成果的必要性，认为大会首要问题是决定在革命结束前，无产阶级是否应实行专政。米勒说工人士兵委员会是革命的唯一成就，并补充说必须改变工人士兵委员会与临时政府的关系；德军必须宣誓保卫工人士兵委员会。艾伯特说，在德意志，建立政府唯一的法律基础就是德意志民众的意愿；国家的目标是建立法治国家；胜利的无产阶级首先要克服政治阶级的差异，克服经济上的不平等，从而实现完全平等。民主将成为工人阶级建立未来德意志的基石。

就在斯巴达克同盟确信共产主义事业必定胜利的那一刻，在全德工人士兵委员会第一次代表大会的第一次晨会上，革命的重大问题被提出来。1918年12月16日上午，大批罢工工人聚集在胜利大道“懒汉奥托”雕像的附近，随后拥向众议院。在众议院大门前，卡尔·李卜克内西对罢工工人发表了讲话，谴责新政府召开国民议会的想法，要求解除德军指挥和反革命的武装，并武装参加革命的工人阶级。他对武装的罢工工人喊道：“为新政府的国民议会投票，就等于反对工人阶级。”斯巴达克同盟的代表团走进众议院大厅，以二十万工人的名义要求建立由工人士兵委员会掌握所有权力的社会主义专政，废除现政府和旧的行政体制，组建“红军”。他们的请愿书引起了全德工人士兵委员会第一次代表大会代表的注意，但代表大会拒绝让卡尔·李卜克内西和罗莎·卢森堡以拥有完全投票权的身份出席会议。之后，斯巴达克同盟成员带领一些年轻人来到了全德工人士兵委员会第一次代表大会现场。这些年轻的共产主义者要求：十六岁以下的工人每天工作六小时；废除兵役，并颁布法律规定十八岁为法定成年年龄。这些人的到来打断了全德工人士兵委员会第一次代表大会会议，会场秩序陷入混乱。

社会民主党为政府辩护，反对独立社会民主党和斯巴达克同盟的攻击。兰茨贝格指责米勒的目的是专政，并说就在召开会议前，执行委员会已经针对把艾伯特从政府中除名的问题进行了辩论。兰茨贝格说：“如果柏林执行委员会希望免受独裁统治的嫌疑，就应该在革命成功的第二天召开这次大会。”来自德意志南部和西部的代表支持兰茨贝格。

1918年12月17日，全德工人士兵委员会第一次代表大会召开的第二天，莱德布尔指责艾伯特拒绝总统职位时态度不真诚，指控艾伯特于12月6日犯了罪。莱德布尔夸口说独立社会民主党策划组织了革命，其他党派现在也享受到了革命的成果，他喊道：“艾伯特代表的新政府是一种耻辱。”在12月16日下午的会议上，三十名士兵手持代表柏林守军的纸板盾牌进入会场。他们要求成立由德意志所有士兵委员会选出的最高军事委员会；废除所有军衔标志；解除所有军官和从前线返回德军的武装，并由士兵委员会维持军队纪律，推进革命进程。这些士兵站在会议厅内的不同位置，要求全德工人士兵委员会第一次代表大会立即讨论他们的主张。独立社会民主党和社会民主党针对此问题展开了激烈讨论。哈泽打算在大会第三天讨论士兵们提出的要求。后来，会议终于在一片混乱和冲突中结束了。

1918年12月18日，全德工人士兵委员会第一次代表大会第三天。这一天是德意志革命史上的转折点。在一片抗议声中，社会民主党人科恩-罗伊斯提议国民议会选举于1919年1月19日举行。科恩-罗伊斯做了一场简短的演讲，描述了德意志正走向可怕灾难的绝望处境，以此来阐明自己的提议。他在讲话中说："只有以德意志民众意志为坚实基础的强大政府才能拯救国家。如果没有大多数德意志民众的支持，任何一个中央权力都无法在国内外获得权威。唯一能贯彻民众意志的组织是德意志国民议会，每位民众都可以投票。工人士兵委员会决不能代表所有民众的意愿。苏维埃俄国的布尔什维克主义几十年来让人们对社会主义产生了怀疑。如果德意志不维持秩序，协约国将占领柏林。比约恩·比约恩森[①]刚刚告诉我，法国驻克里斯蒂安尼亚[②]的代表在过去几天内说'柏林的情况对我们有利；如果情况继续这样，我们将在四周内抵达柏林'。"

参加全德工人士兵委员会第一次代表大会的大多数代表都认为有必要召开国民议会。独立社会民主党和斯巴达克同盟领导人尽管猛烈抨击这一提议，但无法控制别人的想法，甚至无法控制自己支持者的想法。独立社会民主党领导人之一的迪特曼感叹道："德意志民众希望召开国民议会，这一点毋庸置疑；因此，领导者必须为民众服务。"最后，会议针对召开国民议会的提议进行表决，以四百票对七十五票通过。

随后，吕德曼[③]提出："全德工人士兵委员会代表大会代表德意志的政治权力，在国民议会做出进一步规定之前，将立法和行政权力移交给新政府。全德工人士兵委员会代表大会还授权由工人士兵委员会组成中央委员会，行使监督德意志和普鲁士政府的权力。在明确规定中央政府和几个州的关系之前，中央委员会有权任命和罢免德意志和普鲁士的委员。为了控制国家各部门的事务，国务秘书助理将由人民代表议会指

① 比约恩·比约恩森（Björn Björnson, 1859—1942），挪威舞台演员剧演员和剧院导演，出生于克里斯蒂安尼亚。——译者注

② 克里斯蒂安尼亚，1624年到1924年，挪威首都奥斯陆的旧称。——译者注

③ 即赫尔曼·吕德曼（Hermann Lüdemann, 1880—1959），德国历史上著名的政治家。——译者注

定。将从社会民主党和独立社会民主党各选出一名助理，安排他们进入各自的部门。人民代表议会任命各部的部长和助理之前，必须征求中央委员会的意见。”

独立社会民主党谴责此提议赋予中央委员会的权力不足，并要求做出解释。兰茨贝格认为征求中央委员会的意见，将造成中央委员会对政府的控制。随后，独立社会民主党提议将委员会制度作为宪法的基础，但被以三百四十四票对四十八票否决了。在不断较量中，独立社会民主党提议允许中央委员会在宪法颁布前，有权否决或接受所有法律。这项提议也未通过，随后，吕德曼的提议被采纳。

提议被否决后，独立社会民主党非常愤怒，离开了会议厅，宣布将不再参加人民代表议会的选举。这是独立社会民主党犯下的第一个大错，因为社会民主党的候选人名单随后被通过，社会民主党控制了革命政府。

大会也讨论了其他内容。许多急进的主张都未通过，包括主张废除各州的选举，建立统一的共和国，以及团结社会主义政党。关于独立社会民主党的攻击，谢德曼回应说社会民主党将于1919年1月19日给出回应。

全德工人士兵委员会代表大会显示出社会民主党的力量与德意志民众对实行民主政策的期盼。德意志无产阶级通过投票，同意召开国民大会，确立了民主高于阶级统治的原则。

大会期间，独立社会民主党表现出的弱点令人震惊，表明独立社会民主党缺乏领导者，在临时政府中的地位岌岌可危。当无政府状态、饥饿和侵略威胁到国家时，工人士兵委员会做出了正确的决定，开始了建立秩序、维护民主的第一步。如艾伯特所说：“容克的独裁统治使德意志民众陷入了深重的苦难中，一切独裁统治都令人难以忍受。”尽管德意志社会主义共和国中央委员会宣布接管普鲁士和德意志的事务，但政府有信心建立民主。

第5节　斯巴达克同盟一月起义

全德工人士兵委员会代表大会决定召开国民议会，建立民主制度，取代工人阶级的独裁统治，这是独立社会民主党和斯巴达克同盟开始攻击社会民主党的信号，也是德意志内战的前奏。独立社会民主党虽然仍在临时政府，但计划推翻社会民主党的统治，而斯巴达克同盟的目标是立即实现共产主义，由工人士兵委员会掌握所有权力。

在全德工人士兵委员会第一次代表大会召开前，罗莎·卢森堡宣布，必须确保在革命中，各政党不应相互贬低对方；必须发展国家和地方工人士兵委员会；组织红色警卫；没收帝国的财产和大量不动产；摧毁旧的行政体系。罗莎·卢森堡对武装起来的斯巴达克同盟成员说："废除资本主义统治，实现社会主义社会秩序，这是本次革命的重要任务。世界无产阶级革命运动也是德意志革命的基础。"

正如巴黎公社的起义者控制当时的巴黎公社委员会一样，柏林的斯巴达克同盟也计划控制全德工人士兵委员会第一次代表大会。他们由于未能成功控制大会，就变得更加急进。对斯巴达克同盟而言，国民议会的召开意味着资产阶级对革命的制衡，并使旧的帝国官僚机构能够长期存在并发动反革命。斯巴达克同盟要求每天六小时工作时间，以便工人有时间接受教育；取消除小额订单和储蓄银行以外的所有战争债券；所有银行、大型工业和农业用地国有化；将所有资产阶级排除在社会主义政权之外。

罗莎·卢森堡谴责社会民主党的资产阶级民主目标，说："国民议会是前资产阶级革命过时的遗产，是没有内涵的外壳，是思想狭隘的市民对统一的民族、自由、平等、友爱仍存有幻想的遗物。”卡尔·李卜克内西断言，德意志民众的政治权力日益减少，资产阶级已经开始影响工人士兵委员会，因此，工人阶级必须牢牢抓住已获得的革命成果，驱逐统治阶级，夺取政权。德意志其他工业中心的斯巴达克同盟成员与柏林的斯巴达克同盟成员的想法一致。在汉堡、不来梅、布伦瑞克、马格德堡、莱比锡、德累斯顿和慕尼黑，斯巴达克同盟谴责国民议会的召开是背叛革命，是恢复旧的帝国官僚体制。为了控制德军的残余势力，斯巴达克同盟开始出版官方报刊《红色士兵》。在报刊中，他们主张把军事革命改为无产阶级革命，通过武装力量完成社会主义革命。这种军事宣传非常有效，使数千名退伍军人加入斯巴达克同盟。

1918年12月23日，德军水兵占领了皇宫和柏林的街道。政府命令他们撤离，但遭到反抗。水兵们逮捕了柏林的指挥官韦尔斯，占领了首相府邸、中央电话电报局。艾伯特和兰茨贝格被一群占领威廉大街的水兵关在首相府邸里。然而，艾伯特能够通过连接两个办公室的秘密电话与战争大臣朔伊希联系。当水兵包围首相府邸时，谢德曼不在场，但他尽一切努力营救被困同事。1918年12月23日傍晚，忠于政府的列奎斯[①]将军下属的老兵从军营向首相府邸进发。随后，水兵们放弃了推翻政府的努力。

韦尔斯被关在皇家马厩的地窖里。艾伯特正努力争取让韦尔斯获释，却失败了。水兵领导人拉德克告诉政府，他不再为韦尔斯的安全负责。于是，政府命令战争大臣朔伊希营救韦尔斯。

水兵与政府进行了谈判，但没有结果。1918年12月25日圣诞节早晨，近卫骑兵师开始进攻皇宫和皇家马厩。在争夺皇宫的战斗中，

① 即阿诺尔德·列奎斯（Arnold Lequis，1861—1949），德国著名军事将领。——译者注

六十八人丧生。然而，在此次行动中，临时政府犹豫不决，不敢采取有力措施，只能与水兵达成妥协。最终，水兵撤离了皇宫。

独立社会民主党抓住这次机会向临时政府辞职，同时，谴责社会民主党命令老兵指挥的反动部队向德意志民众开火。然而，工人士兵委员会的中央委员会支持艾伯特、谢德曼和兰茨贝格；1918年12月27日，中央委员会确认让诺斯克和维塞尔[①]填补因独立社会党人辞职而产生的职位空缺。

经工人士兵委员会委员同意，德意志成立了社会民主党政府，并得到资产阶级的支持。因此，似乎可以肯定，除非斯巴达克同盟推翻柏林政府，否则社会民主党的力量将获得胜利。独立社会民主党摇摆不定的政策加强了斯巴达克同盟的力量。斯巴达克同盟继续为推翻社会民主党做准备。在独立社会民主党反对社会民主党的情况下，斯巴达克同盟认为，发动柏林民众反对政府，建立真正的无产阶级统治将会很容易。斯巴达克同盟中央秘书处向独立社会民主党提出要求，要求在1918年12月月底之前召开政党会议，并立即采取革命措施。虽然独立社会民主党左翼赞成接受要求，但最后该党还是拒绝了。独立社会民主党拒绝的理由是：很难召集代表，有必要为争取国民议会席位而进行积极竞选。

急进的独立社会民主党成员多伊米希发表了对独裁政权的看法：“我们的目标是实现民主，即实现经济和政治平等及权利平等。让我们审视一下世界上的民主国家：在美国的民主制度中，独裁的信托巨头统治着美国，而美国工人可以分辨政府雇员和其他压迫者。在英格兰和大英帝国，帝国主义独裁以对殖民政策感兴趣的自由主义者或保守主义者的名义进行着统治。在法国，金融家和议员组成的政府统治着国家。那

① 即鲁道夫·维塞尔（Rudolf Wissell, 1869—1962），德国历史上著名的政治家。——译者注

么，我们为什么要怕无产阶级专政呢？”

斯巴达克同盟并没有因被拒绝而气馁，1918年12月30日，斯巴达克同盟在柏林举行会议。能干的苏维埃俄国领导人、宣传家拉狄克秘密出席了会议，宣布将在必要时支持德意志内战，以建立无产阶级专政。卡尔·李卜克内西、罗莎·卢森堡、弗朗茨·梅林[①]和列维[②]也赞成立即完成革命工作。斯巴达克同盟随后起草了政党纲领，制定了二十四项军事、政治、社会和经济改革措施，为实现共产主义铺平道路。斯巴达克同盟起草的政党纲领序言中说：“普鲁士军国主义建立世界帝国的血腥幻想在法国战场上消失了；发动世界大战、将德意志投入血泊、欺骗国家四年的罪犯们被果断地击败。因此，社会面临选择，要么通过新的战争、混乱局面和无政府状态延续资本主义制度，要么彻底实行社会主义制度，作为救赎人类的唯一方式。”

政党纲领认为必须立即采取八项措施来保卫革命：解除警察、军官、资产阶级士兵和所有统治阶级成员的武装；工人士兵委员会掌握所有武器、弹药和军需生产；将全体无产阶级男性武装为工人士兵；组成长期红色保卫队以防止反革命；废除军事纪律，确定士兵选举和罢免军官的原则；将士兵委员会中的所有军官和警官撤职，从士兵委员会中选出值得信赖的成员取代前政府官员；成立革命法庭，判处那些发动和延长世界大战的罪人，包括霍亨索伦家族、鲁登道夫、冯·兴登堡、冯·提尔皮茨及其同伙和反革命分子；立即没收所有食物以保障配给制度。

在政治和社会领域，政党纲领包含八项最低限度的改革：控制所

① 弗朗茨·梅林（Franz Mehring, 1846—1919），德国共产主义历史学家，革命社会主义政治家。德国共产党创始人之一。——译者注

② 即保罗·列维（Paul Levi, 1883—1930），德国政治家，1918年起主要居住在柏林，担任《斯巴达克斯书报》的编辑。——译者注

有联邦州，建立统一的社会主义共和国；罢免所有前行政官员，并由工人士兵委员会成员取代他们的职位；由全体农业和工业无产阶级，不分性别，按行业选举工人委员会，由除军官和降兵之外的士兵选举士兵委员会；由所有工人士兵委员会选举中央委员会的代表，选举执行委员会作为最高行政立法机关；中央委员会控制执行委员会，有权罢免不按照指示办事的执行委员会代表；取消所有阶级划分、特权、头衔，不分性别，建立司法和社会的完全平等；明确社会立法，缩短因世界大战破坏造成的超长劳动时间，建立六小时工作制；为了无产阶级革命的利益，迅速彻底调整粮食制度、卫生制度和教育制度。

短期内的经济任务包括：没收王室的所有财产和收入，以维护联邦的利益；取消所有国家债务和其他公共债务及战争贷款，但不包括由工人士兵委员会确定的认购额；征用除农民小产权以外的所有农业地产，建立社会主义的农业合作组织；社会主义共和国没收所有银行、矿山、金属厂和大型工商企业；没收工人士兵委员会规定数额以上的所有私有财产；由工人士兵委员会控制交通运输，在工厂选举车间委员会，与工人委员会共同管理工厂的内部事务，改善劳动条件、控制生产、并最终掌握工厂管理权；建立中央罢工委员会，以确保在日益发展的全国罢工运动中，实行统一的社会主义管理。

最后，斯巴达克同盟的纲领指出，将为世界无产阶级的革命而积极准备，并断言说斯巴达克同盟“是革命的社会良知。即使将斯巴达克同盟钉在十字架上也不能阻止他们继续前进，找出起义者和无产阶级的秘密敌人，包括资本家、小市民、军官、资产阶级控制的反犹太报纸，以及分离国家的人。这些人就像犹大一样是背叛者，把工人出卖给资产阶级……斯巴达克同盟拒绝与分离国家的人或资产阶级合作。斯巴达克同盟要夺取政权的条件是德意志大多数无产阶级首先接受其目标和战斗方式，都希望它夺取政权。斯巴达克同盟的胜利不是革命的开始，而是革命的最终形式；这种胜利同千百万社会主义无产阶级的胜利是一样的”。

比制定革命纲领更重要的是做出决定，斯巴达克同盟针对是否举行国民议会选举做出了决定。虽然在最后时刻，卡尔·李卜克内西和罗莎·卢森堡对德意志内战的成功表示怀疑，但斯巴达克同盟以六十三票对二十三票阻止了国民议会的选举。他们相信，如果召开国民议会，他们的计划就会失败，革命就会结束。许多共产主义者真诚地相信，通过发起一场内战，建立无产阶级专政，将在世界范围内推动革命发展，把德意志从协约国手中解救出来。拉狄克在会上吹嘘说，苏维埃俄国无产阶级将与德意志无产阶级一起，在莱茵河上与盎格鲁—撒克逊资本主义的威胁做斗争。卡尔·李卜克内西也认为，斯巴达克同盟的目标是实现国际共产主义，只有推翻协约国的资产阶级才能实现——资产阶级阻碍了通向世界革命的道路。他还认为，为了建立共产主义社会，必须推翻现有状态，并认为即将到来的革命是德意志唯一获救的机会。克列孟梭曾说过，如果能拯救法国，他愿意把巴黎烧掉；斯巴达克同盟现在宣布，他们将在德意志发动革命，尽管革命有破坏性，但深信从帝国的灰烬中将诞生新的更伟大的国家。

斯巴达克同盟起义的军事领袖是柏林警察局局长艾希霍恩。在苏维埃俄国的宣传、资金和武器的支持下，在担任警察局局长期间，他准备武装柏林民众，推翻政府。艾希霍恩向施瓦茨科普夫工厂和戴姆勒工厂及其他工厂的工人提供了步枪和机关枪，并向共产主义卫队发出指令，解除那些对斯巴达克同盟怀有敌意的人的武装。

临时政府意识到艾希霍恩的活动，将他免职。1919年1月5日星期日上午，艾希霍恩的继任者、新任命的欧根·恩斯特和菲舍尔中尉试图占领警察局总部，但斯巴达克同盟成员拒绝交出警察局总部。罢免艾希霍恩是斯巴达克同盟第一次起义的导火索。

1919年1月5日，斯巴达克同盟起义在柏林爆发。当天，斯巴达克同盟和独立社会民主党的报纸《红旗报》和《自由报》呼吁民众在胜利大道举行示威，反对社会民主党政府。艾希霍恩、卡尔·李卜克内西和莱德布尔向大批民众发表讲话，将社会民主党比作猎犬，谴责他们召集国民议会是反革命行为。由斯巴达克同盟领导人组成的委员会组织了这次起义，并准备占领柏林主要的政府办公楼、公共建筑、勃兰登堡门和兵营。

起义的第一步是1919年1月5日晚占领柏林主要报社，目的是阻止社会民主党和资产阶级报刊用报纸进行宣传。沃尔夫通讯社、《前进报》报社、《莫泽报》报社和《乌尔施泰因报》报社的办公室很快就被占领了。在《前进报》报社大楼，八十名警察没有任何反抗就投降了。斯巴达克同盟获得了胜利，斯巴达克同盟领导人相信在十二小时内，社会民主党的政府将不复存在。卡尔·李卜克内西与艾希霍恩准备效仿列宁和托洛茨基[①]的做法，组建新政府。

由斯巴达克同盟控制的社会民主党官方报纸《前进报》晨报于1919年1月6日出版，刊登了公告，提出如下要求：解除所有反革命分子的武装；武装无产阶级；组建红军；建立所有革命军队与工人联合行动的联盟；工人士兵委员会夺取政权；推翻叛徒艾伯特和谢德曼。最后，斯巴达克同盟宣布："已经重新控制了《前进报》，将竭尽全力保护它不再被夺走，使《前进报》发挥其作用，成为自由之路上的先驱。斯巴达克同盟应该继续勇敢地进行革命。"

随着斯巴达克同盟占领勃兰登堡门、政府印刷局、粮食局、几个兵营和火车站，柏林陷入了恐怖。卡尔·李卜克内西、莱德布尔和朔尔策

① 即列昂·托洛茨基（Leon Trotsky, 1879—1940），俄国与国际历史上重要的无产阶级革命家之一，1917年起担任彼得格勒苏维埃主席。——译者注

组成了临时共产党政府，并派遣一支斯巴达克同盟分队占领战争部。在一名水兵的指挥下，三百名共产主义者进入了战争部办公室，要求战争部投降。斯巴达克同盟开着装甲车进入威廉斯大街，与首相府邸里忠于政府的士兵展开战斗。柏林布尔什维克代表拉狄克开着车招摇地在林登大道来来回回，关注起义进展。1919年1月6日晚，斯巴达克同盟占领了铁路公司大楼，迫使政府军投降。

在当天的战斗中，许多政府军没有抵抗就放下了武器。水兵部保持中立。如果斯巴达克同盟有能干的军事领袖，并放弃战斗演讲，就可以轻易推翻威廉大街的社会民主党政府，在柏林建立苏维埃政权。

最后，几千名社会民主党人聚集在首相府邸前，要求拿起武器，对抗斯巴达克同盟。摇摆不定的社会民主党政府采取了行动。谢德曼说：“我们将召集所有已到参军年龄的人，我们不能把控制权交到斯巴达克同盟手中。”

1919年1月6日晚，诺斯克被任命为平定起义的指挥官。此时，艾希霍恩的警卫公开反叛。诺斯克认为共和警卫队不可靠。舍尔告知社会民主党政府，柏林附近唯一忠诚的部队是冯·霍夫曼中将的部队。因此，诺斯克接受了总参谋部军官的建议，退到去往波茨坦途中的达勒姆，在那里建立了总部，下定决心组建能够打败斯巴达克同盟的政府军。

毫无疑问，在德意志革命危机时期，只有能干又精力充沛的社会民主党才能将军队的散兵游勇组织起来。在诺斯克的命令下，冯·霍夫曼将军的部队、柏林和波茨坦附近的部队、措森营地马克将军的猎兵，以及基尔水兵陆战旅聚集在一起，应对柏林危机。为了保护左翼部队，诺斯克占领了位于施潘道由激进工人占领的政府军火厂。

1919年1月6日，因缺乏军事指挥，斯巴达克同盟未能控制柏林。当天，超过十万名武装的斯巴达克同盟成员和独立社会民主党占领整个林登大道。斯巴达克同盟及其士兵支队在柏林各处进行了无组织的战斗。为了防止流血冲突，独立社会民主党领导人迪特曼、考茨基和布赖特沙伊德提出要调解社会民主党和斯巴达克同盟间的矛盾，但斯巴达克同盟拒绝接受临时政府提出的投降条件，拒绝交出已占领的建筑。因此，战斗仍在继续。柏林交通瘫痪了。卡尔·李卜克内西向支持者发表讲话时说，临时政府倒台只需几个小时。然而，他险些死于莱比锡起义者之手。与此同时，诺斯克完成了准备工作，与驻扎在达勒姆和邻近营地的德军的残余力量一起，准备攻入柏林。1919年1月8日，在发给柏林的公告中，他说道："斯巴达克同盟现在想完全控制国家。在十天内，临时政府将帮助民众自由决定自己的命运，但斯巴达克同盟想通过武力推翻临时政府。民众没有发言权，他们的声音被压制。我们已经看到斯巴达克同盟的统治不能保证人身安全和人身自由。因此，临时政府正在采取必要措施，镇压恐怖统治，防止恐怖再次发生。"

1919年1月9日，临时政府开始反击斯巴达克同盟，争取夺回已被改造成斯巴达克同盟据点的莫斯出版社。舍尔和冯·斯蒂芬尼少校率领部队袭击了《前进报》报社大楼。临时政府的部队使用榴弹炮来对付斯巴达克同盟的据点。斯巴达克同盟用机关枪进行射击。然而，三百名斯巴达克同盟成员无力抵抗，最终投降。其他报社大楼随后被临时政府收回。

1919年1月11日星期六，诺斯克和德特延上校率领三千名老兵进入威廉大街。恐怖的一周过去了。舍尔的功劳是在诺斯克和吕特维茨[①]将军召集足够兵力控制柏林前，控制了斯巴达克同盟。缺乏组织的斯巴达克同盟无法抵抗普鲁士残余部队的进攻。艾希霍恩将指挥部迁到柏林北部的波兹奥啤酒厂，而政府军在1919年1月12日星期日包围了斯巴达克

① 即瓦尔特·冯·吕特维茨（Walther von Lüttwitz, 1859—1942），参加过第一次世界大战的德国将军。——译者注

同盟的主要据点警察局。警察局大楼防守很差。亚历山大广场和地铁站也无人防守。政府军使用榴弹炮进行了轰炸后，猛烈攻击警察局。最后一支斯巴达克同盟队伍随后在西里西亚火车站被击败。1919年1月15日星期三，政府军已控制了柏林。

柏林斯巴达克同盟的第一次起义失败了，建立无产阶级专政的第一次尝试被摧毁。斯巴达克同盟缺乏优秀的军事指挥，无法获得大多数驻柏林革命军的支持，所以被政府军击退。虽然政府军数量少，但有大炮、旧德军部队能干的军官指挥，并且纪律严明。然而，力量薄弱的社会民主党政府用了十六天时间才镇压了斯巴达克同盟起义。许多柏林军队宣布中立，而士兵委员会并不支持舍尔。在一直以军国主义为主导的柏林，那段时间出现了奇怪的现象，普鲁士残余部队在德意志社会主义共和国的旗帜下战斗。因此，如果卡尔·李卜克内西能够精心策划军事政变，那么1919年1月布尔什维克主义政权可能将于柏林建立。

斯巴达克同盟最终失败后，其领导人消失了。艾希霍恩和拉狄克逃离了柏林。有报道说卡尔·李卜克内西和罗莎·卢森堡去了荷兰。然而，卡尔·李卜克内西在《红旗报》发表文章，说："我们没有逃跑，也没有被打败，我们即便被铐起来，也要留在这里。胜利将属于我们。斯巴达克同盟仍然是无产阶级革命的烈火和精神、心脏和灵魂，我们拥有不屈不挠的意志。斯巴达克同盟体现出了有阶级意识的无产阶级对幸福的渴望和对战斗的准备。斯巴达克同盟具有社会主义性质，是世界范围内的革命。德意志革命的痛苦还没有结束，但德意志被拯救的日子就快到了。"

临时政府发现斯巴达克同盟领导人还在柏林，便尽一切努力逮捕他们。1919年1月15日晚，卡尔·李卜克内西和罗莎·卢森堡被捕，被囚禁在柏林郊区维尔默斯多夫，随后被带到伊甸园酒店骑兵卫队司令部。

罗莎·卢森堡被政府军残忍杀害，尸体被扔进了兰德威尔运河。在被带到莫阿布特监狱的路上，警卫以卡尔·李卜克内西试图逃跑为由，开枪杀了他。因此，斯巴达克同盟起义结束。德军残余势力镇压了起义。卡尔·李卜克内西和罗莎·卢森堡不是死在社会民主党手中，而是死在他们政治生涯中一直斗争的普鲁士军国主义者手中。他们被杀害之后，共产主义的激烈斗争消失了，他们的支持者被暂时剥夺了领导权，随后很快解散了。得知卡尔·李卜克内西和罗莎·卢森堡被杀，谢德曼说：“我由衷地为两人的死亡感到遗憾。他们一直号召德意志民众拿起武器，以武力推翻政府。现在，他们成了自己血腥恐怖策略的牺牲品。”资产阶级和社会民主党公开表示，为卡尔·李卜克内西和罗莎·卢森堡被害而开心，因为这两位斯巴达克同盟领导人威胁了战败后疲惫不堪的德意志的和平，让柏林陷入内战。斯巴达克同盟的起义失败，预示着德意志社会民主党将在1919年1月19日举行的国民议会选举中获胜。

第 6 章

国民议会的召开

The Convocation of the National Assembly

第1节　各政党

在第一届工人士兵委员会上，社会民主党战胜了斯巴达克同盟和独立社会民主党，决定于1919年1月19日举行国民议会选举。德意志全境各政党的活动立刻得到恢复。德意志十一月革命影响了德意志帝国、德军和王室，但对德意志政党几乎没有影响。自世界大战后期以来，德意志政党组织和机构基本没有变化。因此，宣布举行国民议会选举的确切日期有助于资产阶级政党更加活跃，也有助于号召社会民主党和独立社会民主党的党组织。甚至连德意志共产党也受到了德意志工业城市关于选举的争论的影响，参加了某些运动。

德意志帝国时期的政党迅速改组，放弃了旧纲领，采用了新政党名称，主张采取民主措施，以防止国家陷入无政府状态。普鲁士和德意志的旧保守党成为德意志国家人民党。保守党、泛日耳曼主义者和大多数容克阶级都加入了德意志国家人民党。保卫皇权的旧口号已经过时。王位被推翻，威廉二世被流放。

作为新成立国家中自由主义的拥护者，旧国家自由党的右翼组成了德意志人民党，抨击急进主义、越山主义[①]和国际主义，主张与奥地利建立政治联盟，与在海外的德意志人建立文化关系。

临时政府的反教士政策使中央党摆脱了分裂的危险。在德意志革命期间，机智的自由党人提议，中央党应为独立社会民主党教会事务部部长阿道夫·霍夫曼[②]建一座纪念碑，因为他维护了天主教党的团结。中央党后来改名为基督教人民党，在科隆领导人的影响下，寻求非天主教的支持。基督教人民党无视实行君主制还是共和制的问题，同时，谴责对私有财产的攻击和生产资料国有化，主张住房改革、改善工农劳动条件、宗教自由和学校的宗教教育。

作为新的民主党派，国家自由党和进步人民党左翼联合起来组成了德意志民主党。各种小党派进入政治舞台，在某些地区取得了显著成功。在各政党中，只有社会民主党和独立社会民主党保留了原来的政党名称和纲领。斯巴达克同盟是唯一拒绝参加国民议会选举的政党。

德意志民族主义党由前保守派、自由保守派和基督教社会民主党组成，提出了革命性的纲领。德意志民族主义党拥护强大的国家，提出国家应以德意志人的自由意志为基础而树立权威，改善国家现状，提高社会福利。具体而言，德意志民族主义党主张建立议会政府；提倡言论、人身和精神自由；支持平等选举权；保障私有财产安全；清算战争问题；解决住房问题；增加干旱地区的人口；保护官员、教师、士兵、雇员和战争伤员；简化国家的行政和税收；妇女参与公共生活。在社会化

① 越山主义，也称教皇至上主义，主张教皇拥有绝对权力，强调教皇的权威和教会权力的集中。——译者注

② 阿道夫·霍夫曼（Adolf Hoffmann, 1858—1930），德意志社会主义政治家，普鲁士科技文化与教育部部长。曾加入德意志社会民主党，以反对富人信奉基督教而闻名，因此，被戏称为“十诫霍夫曼”，1916年加入独立社会民主党。此处指作为独立社会民主党主要成员，阿道夫·霍夫曼反对富人加入基督教，从而促使了中央党的成员更加团结。——译者注

问题上，德意志民族主义党主张充分保护职工，实现生产资料的合理社会化。

德意志民族主义党提出的革命性纲领是在革命风暴中加强党内团结的尝试。德意志民族主义党支持教会，所以赢得了福音派东正教团体的支持。随着革命运动的进行，德意志民族主义党领导人公开宣布他们支持君主主义，支持私有财产权和继承权，指责德意志民主党受到犹太资本家的控制，并认为由于社会民主党背叛了德意志帝国，才导致了德意志革命。德意志民族主义党在全国范围内展开了尖锐并具有侵略性的革命。许多民族主义党领导人尽管支持泛日耳曼主义和德意志革命，但斥责社会民主党导致了德意志毁灭。如果认为数百万德意志君主主义者和保守派在德意志十一月革命前已经转变为民主派，那将是致命的错误。

德意志政治领域的另一个变化是走向自由主义。新的德意志人民党是19世纪德意志民族自由主义的继承者。德意志人民党认为应实现国内和平，坚持建设强大德意志的道路，建立共和政府。尽管如此，德意志人民党谴责德意志革命，认为革命将导致国家经济、金融及道德的崩溃。德意志人民党指责社会民主党提出的“不应该为雇主工作，而应该拥有部分劳动所得利润。”德意志人民党成员施特雷泽曼认为：“无论谁认为1918年11月9日建立了新德意志，都与我们的想法不符；其政治观念与我们的想法相差甚远。”

德意志人民党成员莱迪格宣称，现在德意志人民党主要特征是自由主义，将来仍是自由主义；自由主义不惧怕明确表达自己的立场。德意志人民党的伟大理想包括自由、正义和团结，它并不要求所有成员都支持共和，但的确呼吁为重建国家而努力合作。德意志人民党谴责一切阶级统治、罢工、“摧毁民主”、社会化、共产主义、斯巴达主义、布尔什维克主义和无政府状态。

中央党，即德意志罗马天主教党受到德意志革命的严重影响。在激进社会民主党的控制下，中央党在德意志南部的据点暂时安全，而协约国进驻德意志，控制了天主教莱茵河地区。协约国的控制不仅关系到中央党的存亡，也关系到德意志革命进程。埃茨贝格尔与临时政府的关系也深刻地影响着中央党的政策。

早在1918年11月15日，中央党的领袖们就发表宣言，谴责阶级统治，要求召开国民议会。中央党宣布将只承认德意志议会的统治权。1918年11月30日，临时政府的行政人员颁布了即将举行的国民议会选举条例。中央党因受德意志革命的影响，已经面临着瓦解的风险，随即决定向其支持者发表中央党原则声明。

1918年12月30日，中央党全国委员会起草了一份纲领，承认了新民主政党，并抨击了阶级统治、唯物主义、拜金主义和无政府主义。关于德意志的政治重组，中央党的纲领主张：国民议会应在比柏林更安全的地方召开并立即制定宪法；维护德意志的统一和联邦性质；按比例进行代表的普选；各州成立人民政府；各级政府向所有阶层开放；通过权利法案。

在外交方面，中央党纲领内容如下：立即与协约国达成初步和平协定；建立国际法；建立强制仲裁、解除武装和废除秘密条约的国际联盟；保护所有国家的少数民族和小宗教群体；保障经济发展自由和海洋自由；制定劳工立法和保险法的国际条例；帮助德意志民众了解国际形势；维护德意志殖民帝国。

中央党的党内纲领包括：思想方面，维护和发展基督教的文化和教育理想；坚持信仰和宗教活动自由，政教合作；保护婚姻关系和家庭关系中的宗教信仰；压制颓废的艺术和文学；保留“公立教会学校”，并在所有学校进行充分的宗教教育；在各行各业倡导“提高效率的自由职业”；坚持男女平等。

在经济和社会事务中，中央党在坚持维护私有财产权的同时，认为经济发展应该为社会公正服务。政府应照顾所有伤员，安置退伍军人。

在财政方面，中央党主张根据民众的支付能力征税；防止资本外流；防止战争贷款贬值。

作为一项政治举措，中央党发布的纲领非常重要，不仅号召了反对激进革命的天主教教徒，也号召了其他愿意为基督教信仰而斗争的组织。在德意志南部所有州，改名后的中央党迈着前进的步伐，快速恢复战前的地位。协约国占领莱茵兰后，并没有阻碍中央党的发展，而是帮助了这个保守的天主教党取得胜利。

随着国民议会选举的进行，天主教党认为国民议会的主要任务是重建德意志的和平与秩序，为德意志人民提供食物和工作。天主教党赞成严格遵守十四点计划，谴责割让萨尔河谷和上西里西亚给协约国的做法，谴责由其他国家的法院审判威廉二世。天主教党不赞成德意志十一月革命，认为革命既不是德意志政治发展的必要条件，也不是德意志政治发展的福音，并攻击士兵委员会的政治活动和建立社会主义共和国的尝试。天主教党虽然反对铺张浪费和过激革命，但支持建立民主共和国，赞成信奉天主教的奥地利加入德意志国家联盟。

德意志民主党是德意志革命之后组织起来的第一个资产阶级政党。德意志民主党发表声明支持建立共和国，但主张由国民议会决定国家未来形式。德意志民主党主张部分工业，尤其是垄断行业实行部分社会化；划分政府各部门职责；起诉战争投机商；采用单一的累进资本税；通过法律保障工人、雇员和官员的权力；保护独立的中产阶级；制定国际性的社会政治计划。

与此同时，旧的进步人民党委员会投票赞成在民主与共和的基础上组建更大的政党。1918年11月16日，进步人民党开始与德意志民主党全国委员会谈判。施特雷泽曼、弗里德贝格和里希特霍芬赞成与进步人民党联合。然而，进步人民党对自由主义的态度，以及对世界大战中从民主立场考虑而不断妥协的德意志政府的态度，使各党派之间的联合遇到困难。谈判的结果是，国家自由党的右翼脱离了左翼，左翼与进步人民党联合组成德意志民主党。

帝国政府彻底垮台，不可能再回到过去的状态，这有利于德意志民主党发展，并使众多阶层支持德意志民主党。德意志民主党领导人称民主是一场文化运动，将消除阶级差异，创造平等的责任、平等的权利和平等的机会。真正的民主不是某一阶级的统治，而是从各阶层中选出能干的人进行统治。

德意志民主党谴责以下几方面：威廉二世的神圣权利和亲王们的"自我意志"理论；拥有土地的"地主阶层"；众多阶层的违法行为；军事官僚制；官僚军国主义。德意志民主党主张机会平等，镇压反犹太主义，建立妇女道德标准，提倡民族体育、大众教育、精神自由，推动工业进步及公共卫生的改善。

在国民议会选举期间，德意志民主党攻击鼓吹阶级斗争的左翼政党和将旧政体理想化的右翼政党。德意志民主党声明，国家的内外政策应该基于正义，而不是强权，应该由整个国家来决定德意志的命运。德意志民主党人伯恩斯托夫提出："我们的主要目标是在国内外事务中，团结德意志人民；在所有公共关系和私人关系中，维护正义；在民主和社会基础之上，建立经济繁荣，发展艺术、科学和文学。"

在反对社会民主党临时政府的所有政党中，独立社会民主党的反对最激烈。他们把1918年11月联合政府的失败归咎于社会民主党背叛了社会主义事业。独立社会民主党要求立即开始社会化，并尽快从旧的阶级制的国家向社会主义性质转变。独立社会民主党左翼虽然同情斯巴达克同盟，但拒绝支持德意志共产党的“反议会主义”和恐怖主义，并指责罢工和起义，认为这些不利于无产阶级的发展。因此，独立社会民主党虽然强烈反对社会民主党，在国民议会选举期间却成了进步社会主义和共产主义之间的中间派。独立社会民主党的主要据点是图林根、萨克森，鲁尔、不来梅和柏林。该党进入政治舞台，在立宪会议中占有一席之地。

最终，社会民主党进入了政治舞台。自1918年11月以来，社会民主党一直领导德意志共和国，并在国民议会选举前一周使德意志摆脱了布尔什维克主义。社会民主党的成功吸引了数百万非社会民主党选民的支持。在国民议会选举中，谢德曼、艾伯特和其他社会民主党领导人强调了1918年11月的德意志革命纲领，而不是1891年的《埃尔福特纲领》[①]。社会民主党真诚地希望执行拯救德意志的重要政治纲领，但发现很难摆脱马克思的影响。社会民主党反对在德意志建立布尔什维克主义，抵制波兰占领德意志土地，并要求在国民议会选举后，撤销工人士兵委员会的行政职能。社会民主党发言人特别强调以缓慢又安全的方式，实现生产和分配的社会化。只有准备国有化的产业才能实现社会化；在整个社会化过程中，需要给工厂主相应的赔偿。社会民主党不赞同独立社会民主党和斯巴达克同盟极端的社会主义和共产主义要求，得到了大批资产阶级的支持。通过提倡生产资料逐步并科学地社会化，社会民主党获得了很多下级官员的选票。社会民主党还获得德意志工会联合会成员的支持。根据施特雷泽曼的说法，工会联合会比受过高等教育

① 《埃尔福特纲领》，又称《社会民主党一八九一年纲领》，纲领草案由考茨基与伯恩斯坦起草，于1891年8月到9月在《新时代》杂志发表，于1891年10月14日到21日在德国社会民主党埃尔福特代表大会上通过。——译者注

的大学毕业生更了解战前的政治。

第2节　全国选举

自1871年法国国民议会选举之后，欧洲再没有出现过类似的竞选活动。由于德意志帝国的战败和德意志革命，旧的帝国政党的纲领已经过时，这些旧政党的纲领与社会民主党的纲领一样，都已经不适应新的形势。德尔布吕克断言，由于所有政党都谴责无政府状态并拥护民主，各政党没有什么可选择的余地。与此同时，欧肯称："由于我们的政治落后，受到了激进民主主义和社会主义的影响。未来我们的主要任务是在彻底维护和加强国内自由的基础之上，在德意志实现真正的政治自由。"

影响全国选举的一个重要因素是妇女的投票，因为妇女第一次获得选举权。在这方面，社会民主党也获得了更多优势，因为多年来他们一直主张妇女拥有选举权，并尝试对女性支持者进行政治教育。社会民主党的候选人中有许多女性。其他政党，尤其是保守党和天主教党，很快吸引了女性选民。曾反对女性选举权的德尔布吕克敦促妇女开展爱国和政治活动。米勒-迈宁根说："每个政党都必须尽快将妇女带入政治生活。当革命赋予妇女权利后，她们却缺乏兴趣，对此，我们感到失望。"其他政党领导人也认识到了这一点。中央党理查德·米勒-富尔达说"这项新权利是一项义务"。能干的天主教党员费伦巴赫也表示，希望妇女的影响能使国家的政治生活更加高尚和丰富。弗朗茨·贝伦斯说，每位女性都应该投票，因为女性非常关注家庭、学校教育、法律、慈善、工作和职业活动等重大问题。社会民主党明确指出，保障女性选举权是社会主义制度的优势所在。女性的选票非常重要，因为三千八百万名选民中，其中大约两千万名是女性。

1919年1月19日是个干燥晴朗的冬日。这一天，德意志举行了全国大选。与此同时，柏林、汉堡、鲁尔和卡塞尔发生了小规模骚乱，但斯巴达克同盟没有联合起来阻止选举。在普选制度的第一次选举中，超过三千零五十万名男性和女性参与投票。社会民主党获得了一千一百四十六万六千七百一十六票，选举出一百六十三名代表。社会民主党的对手独立社会民主党被彻底击败，只选出了二十二名代表。第二大党是天主教中央党，即现在的基督教人民党，获得了六百万张选票和八十八个席位。德意志民主党获得了五百六十万张选票与七十五个席位。德意志民族主义党获得三百一十九万九千五百七十三票和四十二个席位，德意志人民党获得了一百二十四万三百零三票和二十一个席位。在小规模政党中，德意志汉诺威党和巴伐利亚农民联盟各占四席。石勒苏益格—荷尔斯泰因农民和农场工人民主党与布伦瑞克选举联盟在选举中各得一票。

各州选举与全国选举几乎同时举行，结果相近。1919年1月12日，在巴伐利亚选举中，巴伐利亚的中央党，即巴伐利亚人民党获得了五十九个席位，社会民主党获得五十个席位，德意志民主党获得二十二个席位，巴伐利亚农民联盟获得十七个席位，国家自由党获得五个席位，独立社会民主党获得三个席位。1919年1月12日，在符腾堡的选举中，各政党赢得的席位分别是：社会民主党五十二个席位，德意志民主党三十八个席位，中央党三十一个席位，德意志和平党和符腾堡公民党十一个席位，农民联盟十个席位，葡萄庄园主和小领主四个席位，独立社会民主党四个席位。1919年1月5日，在巴登州选举中，中央党获得四十一个席位，社会民主党获得三十五个席位，德意志民主党获得二十四个席位，德意志民族主义党获得二十四个席位。1919年2月8日，萨克森的选举结果是：社会民主党获得四十二个席位，独立社会民主党获得十五个席位，德意志民主党获得二十二个席位，德意志民族主义党获得十三个席位，德意志人民党获得四个席位。1919年1月26日，普鲁士自由邦的选举结果是：社会民主党获得四十五个席位，德意志民主党获得六十五个席位，天主教党获得五十五个席位，德意志民族主义党获得四十八个席位，德意志人民党获得二十四个席位，独立社会民主党二十四个席位，石勒苏益格一荷尔斯泰因民主党获得一个席位，教皇党两个席位，汉诺威联合党七个席位。

全国选举是德意志民主的胜利，证明中产阶级在政治方面比预想得强大。尽管某些宣传人士想说，选举证明了德意志是没有共和党的共和国，但对选举结果的分析表明，具有革命性质的党占了多数。仅两个社会主义政党就获得了一千三百二十九万八千七百四十五票，而所有资产阶级政党仅一千四百七十七万五千一百七十四票。社会民主党和独立社会民主党在国民议会中的相对优势是一百八十五票对二百三十六票。选举表明，社会民主党并没有在国民议会中占多数，所以必须与之前的盟友德意志民主党和天主教党联合起来，组成联合政府。然而，德意志民众对社会民主党临时政府满怀信心，临时政府肩负着在相对安全的地方召开国民议会的重任，并要保卫国民议会不受斯巴达克同盟的干扰。

1919年1月21日，政府颁布法令，将于1919年2月6日在魏玛召开国民议会。政府同意德意志南部各州的要求，反对独立社会民主党和斯巴达克同盟的抗议，计划在德意志文化旧地魏玛召开国民议会。由于国内局势不稳定，社会民主党希望尽快巩固革命成果，支持在魏玛召开国民议会的计划。为了防止斯巴达克同盟试图破坏国民议会，诺斯克在萨克森一魏玛[①]集合了一支忠诚的军队，提前采取措施，维持秩序。

① 萨克森一魏玛，德意志历史上的大公国，主要城镇和首府是魏玛。1918年德意志革命后，成为魏玛共和国图林根州的一部分。1919年的国民议会在魏玛举行。——译者注

内政部部长普罗伊斯起草的新联邦宪法草案已经对政治形势产生了深远影响。草案的主要特点是扩大了联邦政府的权力，除以前的权力外，联邦政府拥有铁路、水路、学校和土地立法管辖权。宪法草案包括一项权利法案，要求几个州都采用共和宪法。德意志的立法权由国会和州议会行使。众议院成员将由州议会选举产生。

然而，普罗伊斯最激进的措施是提议由德意志国民议会决定将德意志划分为不同的共和国。普罗伊斯将普鲁士自由邦视为德意志统一的威胁，大胆断言德意志各邦在文化、经济和民族方面都各不相同，不是有机的整体。如果奥地利要加入已经推翻了帝制的、民主的德意志，就必须重新划分德意志各邦的领土。尽管普罗伊斯的计划与德意志已有的分离主义运动完全无关，但它引发了汉诺威和莱茵兰革命。

1919年2月6日，星期四，在魏玛新剧院，临时政府首脑正式召开了德意志国民议会。艾伯特在欢迎辞中宣布，作为德意志唯一的权力机构，国民议会必须恢复秩序，恢复国家的经济生活，并使德意志从帝国转向理想的共和国。用德意志国家主义之父菲希特的话说，国民议会的目标必须是“建立在平等基础上的法治国家”。1919年2月7日，国民议会选举巴登亲王政府的前外交部副部长、社会民主党人达维德为国民议会主席。费伦巴赫当选第一副主席，德意志民主党人豪斯曼当选第二副主席。

正式组织和选举了常任理事之后，国民议会迅速通过了临时宪法，旨在建立合法政府，处理国内外事务。普罗伊斯以高超的技巧为自己的计划辩护，但通过两天的辩论，明显可以看出排他主义将阻止统一共和国的建立，或者阻止德意志重新划分各州领地。

第3节　艾伯特总统

1919年2月11日，国民议会以二百七十七票对一百零二票，选举艾伯特为德意志总统。在庄严的就职演说中，艾伯特说："我在国民议会宣誓，将尽最大的努力和热情来保护德意志民众的自由。"艾伯特是海德堡受过社会主义教育的马具工人，是真正的工人阶层的儿子，成了威廉二世的"继任者"。

第4节　谢德曼内阁

临时宪法通过后，谢德曼曾向议会宣布，曾经维护革命共和国的机构人民专员委员会已经完成了历史使命，现在需要将革命中获得的权力交给国民议会。艾伯特当选总统后，谢德曼作为社会民主党领袖，开始与基督教人民党和德意志民主党谈判成立内阁。这项任务并不困难，因为之前社会民主党、中央党和自由党组成的联盟在1919年1月的选举后已经恢复。普遍存在的官僚主义和德意志的政治现状要求各政党之间结盟。然而，作为内阁总理，谢德曼不想从联盟领导人中挑选部长，因为仍保持官僚作风的政党都提名自己的成员进入议会。尽管德意志各政党深受德意志革命的影响，但选举程序表明官僚作风仍然存在。

内阁成员如下：

内阁总理谢德曼，社会民主党；

财政部部长席费尔[①]，德意志民主党；

① 即欧根·席费尔（Eugen Schiffer, 1860—1954）。——译者注

外交部部长布鲁克多夫-兰曹[①]，德意志民主党；

内政部部长普罗伊斯，德意志民主党；

经济部部长维塞尔，社会民主党；

食品部部长施密特[②]，社会民主党；

司法部部长兰茨贝格，社会民主党；

国防部部长诺斯克，社会民主党；

殖民事务部部长贝尔[③]，中央党；

邮政部部长吉斯伯茨，中央党；

复员部部长克特[④]，无党籍；

政务委员达维德，社会民主党；埃茨贝格尔，中央党；戈特恩，德意志民主党。

1919年2月13日，谢德曼向国民议会宣布了内阁方案。在对外事务中，将争取早日实现和平，恢复德意志殖民地，归还战俘，并在与其他国家平等的基础上参加国际联盟。在国内事务方面，谢德曼主张建立民主的国家行政机构，改善教育，建立德意志人民的军队，恢复国民生活。

当时，德意志几乎每天都面临着国内外问题，共和国随时可能被推翻。正是在此情况下，内阁政府开始了管理。粮食短缺，国家工商业活动几乎崩溃。强大的普鲁士铁路系统基本已崩溃，整个德意志的交通都已瘫痪。斯巴达克同盟仍试图控制工人士兵委员会。关于谢德曼内阁，斯巴达克同盟写道："半个世纪以来，德意志工人接受社会民主的教育，认为革命要成功，就要获得多数人的支持，国民议会的存在证明了

① 即乌尔里希·冯·布鲁克多夫-兰曹（Ulrich von Brockdorff-Rantzau, 1869—1928）。——译者注

② 即罗伯特·施密特（Robert Schmidt, 1864—1943）。——译者注

③ 即约翰内斯·贝尔（Johannes Bell, 1868—1949）。——译者注

④ 即约瑟夫·克特（Joseph Koeth, 1870—1936）。——译者注

这一点。国民议会正在摧毁无产阶级革命机关，即工人士兵委员会。”许多士兵委员会已经叫嚣着要解雇诺斯克。由于斯巴达克同盟的骚乱、疯狂罢工，以及造成的政治骚乱，德意志社会秩序混乱，仍有七十万德意志囚犯作为人质留在法国。自停战以来，法国提出的要求越来越高。人们认为最终的和平条件必定是推翻谢德曼内阁。

第 7 章

革命问题

Revolutionary Problems

第1节 经济改组

1919年2月，大多数德意志民众满怀信心地把国民议会视为解决国家弊病的灵丹妙药，但很快就发现无论是谢德曼内阁，还是国民议会的大部分代表都无法促成德意志的重组。世界大战对经济的破坏，加上德意志十一月革命的政治和社会影响，使德意志陷入濒临毁灭和无政府的状态。作为社会民主党、天主教党和德意志民主党联合内阁的领导人，谢德曼制订的计划听起来不错，但并没有解决现实问题。冬天快结束时，由于协约国继续封锁，德意志粮食危机加剧。与此同时，受到罢工和暴乱威胁，德意志工业即将全面崩溃。面对绝望的国际形势和无法解决的国内问题，大批德意志人转向布尔什维克主义，将它视为绝望之时的选择。此外，德意志革命创造了新德意志，也带来了新问题，需要调整旧制度。德意志形势动荡，只有在大多数人的支持下，建立强大有远见的政府才能拯救德意志。

在内部问题中，最严重的是德意志经济生活全面崩溃带来的问题。作为世界上最早的工业国家之一，德意志的经济状况是与协约国进行四年经济战争带来的直接后果，是之前三个帝国内阁愚蠢经济政策带来的结果。

世界大战期间，协约国有计划地破坏了德意志在世界工商业的经济地位。协约国的封锁在很大程度上使德意志无法从其他欧洲国家、美国和远东进口必需品。通过掌控德意志电缆，协约国剥夺了同盟国与非欧洲国家的主要通讯手段。强制清算在协约国的德意志公司、没收德意志公司专利权及将德意志公司列入中立国的黑名单，这些都是协约国为打击德意志所采取的强有力措施。协约国计划通过封锁切断德意志的粮食和原材料进口，遏制德意志的抵抗力量。协约国在每个中立国发起反对德意志的宣传活动，在道义上谴责德意志，提升宣传效果。德意志在比利时、法国及公海发起了“可怕”的战争，使中立国认同了协约国的宣传。最终，1917年2月，德意志重新开始无限制潜艇战，导致美国加入了世界大战，也导致德意志经济和军事崩溃。

如果没有被占领国的原料与机械供应，德意志将更快瓦解。世界大战之前，德意志一半以上的工业是为外国市场服务的。世界大战期间，德意志工业在很大程度上与战争相关。兴登堡计划虽然是军事需要，却导致了德意志的毁灭。席费尔说：“在经济方面，兴登堡计划令人绝望。我们不得不承受兴登堡计划带来的可怕后果。”

德意志革命结束时，大部分战争工业都崩溃了。几乎所有重要工业部门停止生产，造成四百多万名工人失业。除了军事失败、德意志革命和工业危机造成的混乱，德军士兵的迅速复员使数百万德意志工人返回家园。很多士兵回来后发现他们之前的职位被别人占据，或者他们战前工作过的工厂因缺乏原材料而关闭。在工业条件较好的行业中，面对生活费用的增加，工人们受到政治鼓动，为了增加工资或实现工业的立即社会化而频繁罢工。早在1918年11月26日，德意志复员部就宣布：“首先，每个人都必须工作，否则德意志将一蹶不振。每次罢工都会迅速带来危机。”

巴尔特在谈到危机时说：“除了提高产量、恢复工人因四年不受管制的军旅生活而被摧毁的工作能力，我们未来面临的最大问题是如何安置大量无法再工作的失业者。”

战后德意志的财政危机与工业危机同样严重。1918年10月，德意志帝国几乎耗尽了财政资源，累计信贷高达一千四百亿马克。去除利息后的实际战争费用已经达到一千六百一十亿马克。战争费用逐年增加，从1915年的二百三十亿马克增加到1918年的四百八十五亿马克。世界大战的最后一年，日均花费一亿三千五百万马克。1918年11月，德意志政府花费四十一亿马克。即使在德意志革命后，政府开支也没有大幅度减少。1919年1月，军政开支达三十五亿马克。

1918年11月德意志财政崩溃的根本原因是战争支出。按照最初计划，世界大战短时间内就可以结束，最后却持续了四年。除了为战争提供资金的错误做法，德意志财政在制造战争物资方面还浪费了大量资金。腐败分子控制着某些军工部门，而帝国政府无法有效地管理。世界大战期间，物价持续上涨，政府无法遏制工业股票投机和牟取暴利的行为。最后，兴登堡计划使帝国失去了在道义方面获得的支持，也摧毁了帝国的财政基础。

然而，1918年11月之后，政府不能取消军工订单，因为这样会毁了工厂、工厂主和数百万人工人。然而，由于这些军工工厂并没有生产产品，即使开工也没有意义，对政府而言，这是彻底的损失。对共和国来说，德军复员，包括服装、配给及运送八百万人的费用是一项巨大开支。士兵工资的增加使国家开支增加了九亿马克。战后，国家每月平均花费约五千万马克资助失业者。德意志财政赤字的原因还有战争福利支出，具体包括扶持军服、军鞋等军需产业及照顾伤残者。到1919年1月

31日，战争福利支出高达十七亿马克。世界大战期间，维持德军家人生计的支出又增加了十九亿九千八百万马克。最后，作为革命的新政府机构，工人士兵委员会的开支也成为德意志各邦、各公社的一笔巨大支出。

联合内阁通过的第一批法案之一是尝试重建国家财政，针对世界大战时期的铺张浪费实行收紧政策。德意志政府拟付三十亿马克的利润，收购庞大的军需品商店。财政部部长席费尔在国民议会宣布，政府不会取消战争贷款，也不会没收银行财产和私人财产。尽管需要进一步增加税收，但席费尔宣布，将考虑经济和社会条件，与几个州一起商定新的计划，应尽一切努力防止资本外流。

1919年1月31日，流通的纸币数量可以反映共和国的财政状况。1914年1月，帝国银行纸币的发行量达到二十亿马克，1919年1月达到了二百三十五亿马克。帝国国库券数量从1914年的一亿三千九百万马克增加到1919年的三亿五千两百万马克；私人银行券从一亿一千五百万马克增加到两亿一千八百万马克。再加上流通的一百亿马克信贷银行券，德意志纸币总流通量达到了三百四十五亿马克。各城市和城镇也发行了价值十亿马克的紧急战争货币。

德意志的巨额战争债务、德意志革命的花费及未来难以承受的战争赔偿使德意志处于崩溃边缘。政府各部门都要求征收革命税，认为有必要获取战争利润，同时征收资本税、所得税、遗产税。但对财政状况影响最大的是预期的战争赔偿，这似乎预示着国家经济的崩溃不可避免。

第2节　粮食问题

在所有革命问题中，粮食问题使许多德意志工人阶级感到绝望。战争、协约国的封锁、德军在乌克兰的惨败[①]和帝国的配给制度使德意志面临饥饿威胁。尽管巴登亲王政府曾试图缓解粮食危机，但停战后情况反倒更糟。德意志革命及其在行政、交通和商业上造成的危机，使德意志民众陷入绝望。

1918年11月，革命政府被迫通知工人，脂肪类供应只能维持几周，面粉供应维持三个月，马铃薯供应维持五个月。1918年12月月初，食品部报告说，大部分马铃薯被早霜摧毁，主要原因在于革命动乱、流行性感冒爆发，造成了农业劳动力的不足。协约国俘虏的德军战俘回国也使之前帮助收割作物的工人失业了。由于运输危机，即使现有马铃薯的供应也无法分配。因此，1918年12月，只有大城市获得了几周的粮食供应。同时，谷物类供应同样困难。政府宣布1919年2月7日以后，每人每天的面粉量将减少到八十克，即现有面粉量的三分之一。1919年4月1日之前，牛奶脂肪和人造黄油产品的配给量将维持在每人三点三克。为了保持每周一百克的肉类配给，政府考虑进口肉类。这些数字足以说明，虽然政府的配给制度在世界大战期间是有效的，但在德意志革命后失效了。国家面临饥饿和布尔什维克主义的威胁。

《停战公约》第二十六条规定，协约国和美国考虑在停战期间为德意志提供粮食。直到1918年12月13日，停战协定延长到1919年1月17日，德意志代表们被告知，必须向协约国交出两千一百万吨德意志船，才会向德意志提供粮食。延迟提供粮食使德意志人大都认为协约国想把德意志推入无政府状态。1918年12月27日，埃茨贝格尔在柏林声明，德意志准备赔付比利时和法国被毁的财产，同时，要求与协约

① 第一次大战期间，1918年2月，德军攻入乌克兰，占领了大部分地区。随着德军战败，乌克兰于1918年10月召开了乌克兰布尔什维克第二次大会，会议提出加强对德军的反击。最终，乌克兰摆脱了德军控制。乌克兰农业发达，是食物和农产品的重要来源地。——译者注

国初步缔结和平，能够确保必要的粮食运输。

1919年1月16日，《停战公约》第八条规定，德意志船必须向协约国投降，才能保证粮食供应顺利到达汉萨同盟城市港口。“为确保德意志和欧洲其他地区的粮食供应，德意志政府将采取一切必要措施，在停战期间，将所有德意志商船交由协约国和美国控制，并由一名德意志代表协助。”在特里尔，协约国还通知德意志，交付舰队是提供补给的先决条件，德军舰队最迟要在1919年2月12日之前交付出海。

协约国的计划在德意志并未通过。德意志政府反对放弃剩余商船，因为商船对德意志工商业复兴至关重要。随后，德意志政府与协约国举行了几次会议。1919年2月6日，德意志和协约国在斯帕达成了一项协议，最终签订了《布鲁塞尔公约》。

1919年3月13日，协约国和德意志代表在布鲁塞尔会晤，会议由英国海军上将威姆斯主持。美国救济管理局负责人赫伯特·胡佛代表协约国最高经济委员会。冯·布劳恩先生是德意志代表团团长。在之前被德意志占领、压迫的比利时首都布鲁塞尔，德意志代表团再次同意遵守停战协定的条款和随后的事宜。威姆斯上将宣读了最高经济委员会的提议，其中，包括协约国向德意志提供粮食的条件。

根据威姆斯上将宣读的提议：第一，一旦德意志商船出发，交由协约国控制，协约国将立即向德意志供应粮食，并采取必要的财政措施。第二，1919年9月之前，德意志有权每月购买三十万吨面包或其等价物，以及七万吨脂肪类食品，包括猪肉制品、植物油和炼乳。第三，德意志需要支付相关费用，支付方式包括出口、在中立地区销售货物、在中立地区提供信贷、直接出售外国证券和财产、租用船舶和预付使用外国证券的款项。此外，黄金可以作为贷款的抵押品。第四，允许德意志向中立国出口商品，但所有收入都将转换为购买食品的费用。第五，为了让德意志增加出口量，以用于支付粮食供应，协约国命令“不得将任何货物分给因自身过错或自我选择而不工作的失业者”。

在粮食小组委员会中，协约国宣布不限制德意志进口欧洲水域捕获的鱼类，也不限制从中立国进口蔬菜。针对莱茵河左岸的补给，协约国做了单独规定，而德意志人保证通过德意志向捷克斯洛伐克和奥地利运送货物，前提是德意志的货物能够按时到达。协约国还同意按照《布鲁塞尔公约》的规定，为德意志与其他国家的贸易往来提供便利，并任命常设委员会在鹿特丹举行会议，与德意志讨论公约规定的粮食运输的商业细节。

《布鲁塞尔公约》尽管有点为时已晚，却是德意志政府试图挽救德意志而做出的努力，旨在改善经济崩溃和军事失败造成的可怕粮食状况。在停战后的三个月，儿童死亡率增加了两倍，仅这一事实就表明了粮食危机的严重性。虽然德意志人目光短浅的政策导致粮食供应推迟了三个月，但协约国没有对战败国实行明智的经济政策，而是要求史无前例的战争赔偿。刚从历史上最大规模的世界大战中走出来的协约国，不想对德意志做出丝毫让步。法国、英国和比利时的舆论甚至支持向德意志复仇。美国国会特意禁止将一亿美元的基金用于救济德意志。然而，欧洲救济德意志的主要目的之一是防止德意志无政府状态的发展和蔓延，鼓励德意志建立稳定的政府。

停战期间，对救济德意志这个旧敌，法国并不感兴趣。法国决心要使德意志不可能再次进攻和侵略自己的领土，甚至准备将国家的安全保证放在比德意志赔偿更重要的地位。由于这场世界大战，六十万的法国房屋被毁，成千上万的农民住在山洞里。在法国被侵略地区，许多工厂都被夷为平地，大片肥沃的农业区已经荒废。自1914年以来，前线的战争造成法国两百万人残疾，一百五十万人死亡。

正如协约国的舆论反对任何经济让步或解除封锁一样，德意志舆论谴责一直持续的经济战，反对以交出商船为代价换取粮食。当德意志政府最终决定交出商船时，汉堡、不来梅、斯德丁和其他港口的船员爆发了罢工和暴动。然而，自《布鲁塞尔公约》签署之日起，协约国和德意志都依照公约执行财政、船舶和粮食协定。

1919年3月22日，在鹿特丹，德意志首次交出五千万金马克的战争赔款，第一批德意志商船也抵达协约国港口。三天后，美国第一艘粮食运输船“西卡尼法克斯”号抵达汉堡，船上载了六千六百二十七吨面粉。据《柏林小报》报道，面粉“雪白、质量无可挑剔”。协约国对德意志的粮食供应几乎与斯巴达克同盟第二次起义的瓦解同步进行。在1919年3月的最后几日，协约国又向德意志运送了两万八千六百一十六吨粮食。协约国为德意志提供了大量的救济物资，其中，大部分是由美国救济管理局运送的。从《布鲁塞尔公约》签订开始到1919年7月31日，美国运送到德意志的援助如下表：

粮食	吨（1000 公斤或 2204.6 磅）
面粉	250，223
燕麦粉	58，853
谷物	164，632
大米	29，926
豌豆和豆类	37，748
猪肉	24，700
猪油	24，010
牛奶	11，060
其他物品	433

此外，大不列颠运送的十七万九千五百七十一吨脂肪和谷物价值八百二十万英镑；法国运送了两万五千四百五十六吨脂肪和食物，价值一千八百二十八万一千七百美元。购买粮食的费用都是德意志用金马克支付的：四亿四千万金马克存放在鹿特丹，两亿九千万金马克存放在布鲁塞尔。总价一亿七千三百四十四万八千美元的金马克由美国政府出售。

协约国不仅通过德意志港口向德意志运送救济，也通过德意志港口将粮食转运到捷克斯洛伐克、奥地利和波兰。1919年2月11日，美国救济团在但泽成立，一周内，第一批救济波兰的面粉被装载到开往华沙的火车上。协约国尽管在但泽严格遵循停战协定第十六条的规定，但与波兰之间的运输很快就出现了诸多问题。波兰与德意志边境战争、哈勒军队[①]问题、但泽和维斯瓦河走廊问题等导致德意志地方官员阻止给波兰救济。事实上，波兰和德意志之所以会出现矛盾，是因为双方都很小气。德意志人在西里西亚逮捕了波兰人，波兰人在波森报复德意志人。在从但泽运送物资及交换煤炭、马铃薯的过程中，德意志人常常以微不足道的理由拖延，或指责波兰人没收了铁路设备。与此同时，波兰人阻挠德意志驳船前往华沙，并侮辱德意志船员。德意志与波兰的边境铁路线关闭，只留下一条用来运送哈勒将军领导的被俘士兵，一条用于波森和上西里西亚之间交换煤和马铃薯，还有一条去但泽。由于军事行动，波兰人关闭了从柏林经本辰申前往波兰的主要路线。由于德意志和波兰在波森爆发了边境战争，上述矛盾就可以理解了。

德意志军事当局禁止将棉花从但泽运往华沙的行动，说明易北河东

① 哈勒军队，指波兰陆军中将约瑟夫·哈勒的军队。第一次世界大战期间，哈勒任波兰军队第二旅的指挥官。因对《布列斯特—里托夫斯克和约》不满，他下令波兰军团第二旅脱离德军控制，与俄罗斯的波兰第二军合并。1918年5月，波军和德军进行了激烈战斗，哈勒指挥的大批波兰士兵被俘。哈勒逃往莫斯科，随后，于1918年7月到达法国，并代表波兰全国委员会在法国创建了“蓝色陆军”，与协约国结盟，与德国作战。——译者注

岸的德军对波兰不满。1919年6月，美国救济管理局向波兰提供棉花，帮助波兰恢复纺织业，以抗击斑疹伤寒。德意志要求将这批棉花的百分之十作为运输费，并推迟运输。但泽军队的指挥官冯·比洛[①]将军以波兰人计划用棉花制造战争物资为由，拒绝运输。柏林政府表示无能为力，或者不愿意下命令运输棉花。直到德意志停战委员会再次向德军下达命令，棉花才被运到华沙。一周后，新政府下令德军运输棉花。这一事件违反了停战协定第十六条，表明旧的军事思想仍然存在，也表明柏林中央政府面临各种困难。

“重要的是，在第一艘粮食运输船抵达后不久，德意志政治局势发生了决定性转变，此后开始稳步改善。”这虽然夸大了协约国对德意志经济政策的有利影响，但如果德意志没有粮食，就存在着布尔什维克主义和无政府状态从德意志蔓延到协约国的危险。停战协定提到必须向德意志提供粮食，以便维持能够实现和平的稳定政府。除了人道主义因素，还要考虑经济因素，德意志必须恢复生产，以赔付比利时、法国和英国遭受的损失。关于向德意志提供粮食的原因，赫伯特·胡佛于1919年3月写道：“从一位经济学家的角度来看，我想说，因为有七千万人面临要么开始生产、要么死亡的选择，生产对未来至关重要，有了粮食，工人才能生产。”

第3节　布尔什维克主义

通过布列斯特—里托夫斯克的大门，俄国革命对德意志的影响几乎和协约国军队一样强大，推翻了霍亨索伦帝国。德意志十一月革命后，

① 即卡尔·冯·比洛(Karl von Bülow, 1846—1921)，德国陆军元帅，第一次世界大战初期担任第二集团军司令。——译者注

德意志对布尔什维克主义的态度仍然与政府和德意志民众密切相关。在1919年的德意志革命中，布尔什维克的影响随处可见。社会组织、官方和非官方舆论机构的活动将与布尔什维克主义相关的问题带入现实的政治领域。在宣传中，布尔什维克试图争取德意志民众支持苏维埃俄国的事业，他们的宣传与斯巴达克同盟和独立社会民主党的宣传截然不同。

经帝国首相贝特曼-霍尔韦格允许，列宁和其他三十位同志经德意志去苏维埃俄国。德意志有责任建立政府，与布尔什维克签署了《布列斯特—里托夫斯克和约》。“谁放火烧了邻居家，之后自己屋顶上失火时就不敢抱怨。”不管美国新闻委员会公布的部分文件是真是假，毋庸置疑的是，德军总参谋部及德意志政府帮助布尔什维克，对抗克伦斯基[①]政府。尽管谢德曼和德意志政府否认这些文件，但德意志各界仍然认为这些文件是真实的。

在弗赖塔格-洛林霍芬将军对帝国政府支持布尔什维克的指控中，应该加上“愚蠢”这一条指控。德意志帝国与苏维埃俄国实现和平后，数千名接受了布尔什维克宣传训练的德军囚犯返回德意志。在不满的工人和前线逃兵的帮助下，从苏维埃俄国回来的厌战士兵开始进行布尔什维克主义宣传，破坏德军的纪律，这成为德意志革命爆发的根本原因之一。1917年11月18日，谢德曼指出布尔什维克和德意志社会民主党有着相同的政治目标，即结束世界大战。最终，1918年4月，越飞成了苏维埃俄国驻柏林大使。从那时起，他就成了宣传领袖，旨在按照拉狄克在1916年昆塔尔会议[②]上提出的计划，通过破坏、罢工和起义推翻德意

① 即亚历山大·克伦斯基（Alexander Kerensky，1881—1970），律师和革命家，1917年俄国革命的重要政治人物。1917年二月革命后，他加入了新成立的俄国临时政府，曾任司法部部长与战争部部长。——译者注

② 昆塔尔会议，又称“第二次齐默尔瓦尔德会议”，于1916年4月24日到4月30日在瑞士村庄昆塔尔举行。昆塔尔会议由社会主义者发起，反对第一次世界大战。——译者注

志，结束世界大战。因此，布尔什维克主义的第一次进攻计划是要给德意志帝国造成致命的伤害。

早在德意志十一月革命前，布尔什维克的成功就深深影响了德意志无产阶级。在欧洲历史上，俄国革命第一次确立了社会主义政党对大国的统治，布尔什维克通过独裁方式获得了胜利。列宁公开指责德意志帝国社会民主党和独立社会民主党的纲领，并试图重建“马克思关于国家的真正教义”。考茨基代表独立社会民主党，他虽然承认布尔什维克主义是社会主义中最激进、最坚决的思想，但拒绝列宁的方法和政策。社会民主党领袖奥托·布劳恩抨击布尔什维克主义的专横做法，称布尔什维克主义既不是社会主义也不是民主，而是真正的暴动，将导致无政府状态。拉萨尔预言，无产阶级的解放将随着对爱与友爱的呼声而实现。德意志评论家指出，拉萨尔的预言尚未实现，至少在俄国革命中没有实现。

然而，在德意志无产阶级看来，布尔什维克主义是独特的政治制度和社会制度，至少有暂时成功的可能。人们都意识到苏维埃俄国共产主义是从马克思主义思想和理论中发展起来的，其基本理念是通过无产阶级专政实现生产资料社会化。布尔什维克主义认为，在现代资本主义国家，即使是普选也会受到上层阶级的金钱与腐败媒体的干涉；工人阶级必须对国家实行专政，才能实现社会化；工人阶级专政不仅镇压资产阶级及其支持者，也用武力减少犯罪和民众的违法行为。

布尔什维克政府的原则在苏维埃俄国宪法中确立。根据宪法，成立了由政治经济委员会组成的国家体系，政治经济委员会在全俄罗斯中央委员会和最高政治经济委员会中处于统治地位。苏维埃俄国的每个公社、地区、省和政府都由委员会管理，因此，建立了金字塔式的国家体系。行政权和立法权在委员会中是统一的，所有委员会都有明确的行政职责。此外，政府代表的是工人阶级，不是全体人民；坚持的原则是做有益工作的人民有权统治国家。因此，可以说布尔什维克在苏维埃俄国建立了无产阶级专制制度。

德意志十一月革命之后，在德意志，苏维埃俄国的支持者与反对者爆发了一场宣传战。为研究布尔什维克宣传而成立的学会出版了关于苏维埃组织和政策的记述，特别强调下层中产阶级遭受的压迫。其他宣传，例如，德意志驻拉脱维亚和爱沙尼亚公使馆新闻顾问的宣传，详细介绍了布尔什维克在波罗的海诸国的暴乱。还有团体攻击拉狄克和托洛茨基，认为他们是叛变的犹太人，并宣称列宁是真正的俄罗斯人，来自辛比尔斯克贵族家族乌里扬诺夫，但其思想难以理解。反犹太主义宣传者也加入了反对布尔什维克主义的队伍，趁机继续进行反犹太的宣传。

列宁和托洛茨基和拉狄克的著作在德意志翻译后，受到广泛欢迎。列宁的《国家与革命》分析了布尔什维克国家观和无产阶级专政，在德意志民众中广泛流传。通过宣传，德意志民众认为建立布尔什维克主义是德意志革命爆发的根本原因，并且可能是革命的最终目标。德意志革命似乎证明了从苏维埃俄国开始，逐步实现世界革命胜利的思想这一理论是正确的。在布尔什维克主义的旗帜下，德意志将成为新世界的组织者，整个世界将接受无产阶级的统治。列宁和托洛茨基的德意志代理人重申了他们的名言："无产阶级必须统治世界。"这对德意志来说非常奇怪，因为在德意志，容克和资产阶级追求的是世界政策①。在国民议会上，独立社会民主党左翼代表了数百万德意志人的愿望，要求恢复与苏维埃俄国的外交关系。

最终，德意志各阶层广泛接受了布尔什维克主义，拒绝了独立社会民主党和斯巴达克同盟的思想。这是因为接受布尔什维克主义似乎是唯

① 在威廉二世统治期间，德意志帝国采取的帝国主义外交政策，旨扩大自己的影响范围。世界政策的实施标志着德意志突破了俾斯麦时代的"大陆政策"。——译者注

一能够逃避协约国停战协定的方式。德意志向布尔什维克主义的转变可能导致意大利、法国和英国爆发共产主义革命；一旦列宁主义被西方强国接受，阿尔萨斯—洛林和莱茵河左岸将重回德意志手中。然而，许多德意志人指出，德意志不应接受布尔什维克主义，而只需将其传播到法国和英国。

苏维埃俄国的马克思主义并没有被大多数德意志人接受，主要是因为德意志的经济发展需要协约国支持。每出现一本支持布尔什维克主义的宣传册，就至少会出现两本公开谴责布尔什维克主义的宣传册。保守派、自由派、天主教党和民主党联合起来，反对布尔什维克主义，而社会民主党和独立社会民主党采取了不同的批判态度。各政党宣称布尔什维克主义危及世界和平，对协约国和同盟国都是一种威胁。施泰特勒[①]在《革命论战》一文中说，唯一可能拯救欧洲的办法是改变协约国的和平条款，因为对德意志使用武力会将人类推入深渊。梅特在《共济会报》上呼吁，世界的命运掌握在协约国手中；西方列强要么与德意志联合起来，建立真正建设性的国际联盟，要么在新的战争和布尔什维克主义的恐怖中摧毁协约国文明。协约国还必须允许并鼓励德意志组建新的强大军队，以打击亚洲布尔什维克主义的兴起和发展。

就在许多德意志人直接要求西方强国支持德意志，反对布尔什维克扩张时，德意志政府官方报纸声明，如果协约国的和平条件让德意志无法忍受，德意志将被迫与苏维埃俄国联合起来。最后，德尔布吕克总结道："如果协约国威胁我们，把经济层面、国家层面上能够摧毁我们的和平条件强加给我们，那么我们只能给出一个答案，那就是'来吧！至少你们应该和我们一起跳入深渊'。"

① 即爱德华·施泰特勒（Eduard Stadtler, 1886—1945），德国政治家，于1918年成立了反布尔什维克联盟。——译者注

与此同时，托洛茨基向俄罗斯人保证，欧洲文明的希望在于共产主义。“就我的报告而言，我只想说，只要俄国革命的命运取决于世界局势，那么这种命运与欧洲革命的命运是相连的。如果欧洲不爆发革命，如果欧洲工人阶级在这场世界大战结束时，证明自己没有能力反抗资本主义，如果这一可怕的假设成为现实，那么将意味着欧洲文明的毁灭。共产主义的失败将意味着欧洲重新陷入野蛮。”

第 8 章

共和国的巩固

Consolidation of the Republic

第1节　三月起义

斯巴达克同盟一月起义遭遇灾难性失败后，卡尔·李卜克内西和罗莎·卢森堡遭到谋杀，但斯巴达克同盟在德意志的宣传并没有结束。虽然两位伟大的共产主义领袖的死亡沉重打击了革命，但斯巴达克同盟在苏维埃俄国领导人的帮助下继续斗争，甚至承诺向东普鲁士派遣布尔什维克军队。慕尼黑、杜塞尔多夫、杜伊斯堡、鲁尔、布伦瑞克、威廉港和不来梅都有庞大的共产主义团体。当斯巴达克同盟抵制国民议会选举失败后，他们决定召集布尔什维克军队来扰乱国民议会的召开。1919年2月8日，斯巴达克同盟对魏玛发起零散进攻，但最终都失败了。少数没有组织的共产主义者不可能摧毁国民议会和一月选举。

为了确保共产主义运动的成功，斯巴达克同盟开始积极准备第二次起义，其目标是推翻国民议会，建立无产阶级专政。斯巴达克同盟只承认一种权威，即革命权威，他们称资本主义势力伪造了国民议会选举结果，仅这一事实就使他们在道德方面有权宣布第二次起义。斯巴达克同盟发言人用历史学家特奥多尔·蒙森的话说："历史没有叛国，只有胜败。"

此外，德意志的国内形势迅速改变，开始有利于斯巴达克同盟。全国面临饥饿危机，工业生活崩溃，频繁罢工和大规模动乱造成经济动荡。国民议会未能控制混乱局面，恢复秩序。来自巴黎和会的消息表明，协约国提出的和平条件将会使德意志无法忍受。在这种状况下，大批德意志民众向斯巴达克同盟和独立社会民主党寻求帮助。德尔布吕克等知识分子公开以布尔什维克主义威胁协约国。列宁曾计划使德意志成为世界革命链条上的第一环。为此，他在柏林的支持者与德意志斯巴达克同盟共同努力。托洛茨基的口号“共产主义的失败将意味着欧洲重新陷入野蛮”被贴在柏林的墙上，而列宁提出的“布尔什维克主义理论是对马克思主义的一贯继承，并努力重建马克思提出的关于国家的正统理论”，为斯巴达克同盟在工人中赢得了许多支持者。德意志财政部部长席费尔对这种宣传感到震惊，他在国民议会上大声呼吁：“俄国卢布[①]在德意志流通，不是经济原因，而是政治原因。”因此，第二次起义得到了布尔什维克的全面支持，并导致了社会主义革命，考茨基预言社会主义革命是世界大战的必然结果。

冬季结束时，由社会民主党、天主教党和德意志民主党组成的联合政府发现越来越难维持德意志的秩序。国民议会未能就恢复国家工业生活的经济政策达成一致。独立社会民主党被最近政治上的失败和社会民主党的背叛激怒了，他们鼓励斯巴达克同盟采取“直接行动”。因此，斯巴达克同盟决定再次为无产阶级专政而斗争，并为被害的前任领导人报仇。斯巴达克同盟受到宣传人士的鼓励，比如，阿图尔·法伊勒断言：“政府以自由军队、戒严令和严厉手段镇压起义，但并没有压制再次崛起的斯巴达克领导人。”在布尔什维克主义者和苏维埃俄国的资金

① 卢布，是东欧部分国家的货币单位。1800年开始确立与黄金的比价，1897年卢布纸币的含金量为0.774234克。——译者注

支持下，1919年3月的第一周，斯巴达克同盟策划了一场革命。当斯巴达克同盟领导人与柏林驻军秘密计划革命时，独立社会民主党和斯巴达克同盟的报纸公开攻击联合政府。1919年3月5日的《红旗报》上写着："机会又来了。死去的又复活了。德意志到处是被蹂躏的人。艾伯特和谢德曼的支持者认为，他们以一种比1907年德意志帝国时期的选举更有效的方式，将我们击败……冯·兴登堡和鲁登道夫在比利时、法国北部、波兰和芬兰犯下罪行，屠杀了成千上万的国际无产阶级，使自己生活在全世界的咒骂中，使后代生活在耻辱中。如今，诺斯克对德意志工人犯下了同样的罪行。艾伯特和谢德曼领导的社会主义政府已经成为杀害德意志无产阶级的刽子手。他们埋伏着等待机会，统治德意志。无产阶级在哪里革命，诺斯克就派兵到那里征兵。柏林、不来梅、威廉港、库克斯港、莱茵兰—威斯特伐利亚、哥达、埃尔福特、哈雷、杜塞尔多夫都是诺斯克讨伐德意志无产阶级的血腥据点。"

斯巴达克同盟首次控制了柏林的工人委员会，并得到了士兵委员会的支持。1919年3月4日上午，工人委员会全体会议在工会举行，投票决定举行大罢工。这次无产阶级大会革命力量强大，理论上代表了一千五百个工人委员会，每个工人委员会有一千名成员。罢工决议顺利通过，仅有一百二十五张反对票。这是柏林无产阶级有史以来做出的第一个伟大的政治决定。资产阶级社会民主党和独立社会民主党一致认为这次会议是革命的前奏。在罢工问题上，柏林及其附近地区的工会委员会支持工人士兵委员会，说明形势严峻，革命迫在眉睫。无产阶级领袖夸耀说，总罢工之后将采取"直接行动"，建立社会主义，取代社会民主党的议会选举。

根据罢工委员会的官方公报，罢工者要求：承认工人士兵委员会；军事方面，执行《汉堡纪要》中的规定；释放所有政治犯，特别是莱德布尔；废除军事司法；立即成立革命工人军队；解散所有招募的自由军；立即恢复与苏维埃俄国政府的政治和经济关系；承认工人委员会的经济权利。

1919年3月4日，斯巴达克同盟再次在柏林亚历山大广场升起了布尔什维克主义的红旗。红军联盟已为起义进行了积极准备，1919年2月15日，该联盟制订了秘密计划，夺取柏林的主要政府机构和报社。1919年3月3日晚，斯巴达克同盟在柏林东部地区袭击并占领了三十二个警察局。利希滕贝格车站的战斗特别激烈。一群犯罪分子利用革命动乱抢夺了商店和仓库。指挥这次政治罢工的柏林工人执行委员会谴责这种鬼鬼祟祟的做法为“革命的鬣狗”。斯巴达克同盟开始攻击政府军，与德军水兵师、共和卫队与被释放的囚犯一起占领警察局。攻击开始后的几个小时内，三万名武装的斯巴达克同盟成员占领了柏林东郊。警察总部守卫包括活跃的第一七四洛林步兵团的两百名士兵和奥古斯塔步兵团的两连士兵。这支规模不大的部队拥有迫击炮和机关枪，保卫着处于起义中心的政府据点。

1919年3月3日晚，国防部部长诺斯克宣布柏林戒严，并命令驻扎在波茨坦和其他柏林郊区的政府军进军柏林。以防万一，吕特维茨的军队占领了位于施潘道的炮兵仓库，仓库内有大量机枪，并且解除了先锋营的武装，因为先锋营不太可靠。1919年3月4日，由于忠于政府的军队的到来，柏林政府办公室的守卫得到加强。

在袭击了警察局后，斯巴达克同盟军队努力将防线推进到市中心，某段时间他们似乎快要成功了。斯巴达克巡逻队和从警察局释放出的囚犯闯入蒂尔加滕公园，甚至出现在柏林西郊，恐吓居民。忠诚的政府军和斯巴达克同盟之间的激战持续了一周。双方都使用了机枪、飞机和大炮。然而，诺斯克为应对起义做了充分准备，政府军也能应付紧急情况。

为了煽动德意志民众反对德意志共产党，诺斯克诬告斯巴达克同盟在利希滕贝格警察局对囚犯进行大屠杀。在1919年3月9日的军事公告中，诺斯克宣布："发现任何手持武器与政府军作战的人都将立即处决。"在四天的战斗中，斯巴达克同盟从普伦兹劳尔林荫大道、亚历山大广场、扬诺维茨桥、西里西亚火车站被赶回利希滕贝格郊区；共产主义队伍被击败后解散了。自1918年11月以来，德意志人民水兵师一直是政府的眼中钉，在被赶出了海军陆战队总部后，解散了。许多加入斯巴达克同盟的共和国士兵被解除了武装，人数减少到了六千五百人。

早在1919年3月7日，柏林工会委员会就取消了总罢工，表面上是因为政府接受了他们的某些要求，并且因为罢工影响了食品供应和城市安全。事实上，柏林工会委员会领导人放弃了与政府之间不公平的革命斗争——政府得到了旧帝国军队残余势力和中产阶级的有力支持。独立社会民主党对罢工和起义失败非常失望，开始攻击国防部部长诺斯克。

1919年3月14日，近卫骑兵骑兵师、许尔森[①]率领的自由军和德意志步枪师结束了斯巴达克同盟的武装抵抗。在战斗中，有一千两百多人死亡，价值数百万马克的财产被损毁。在起义期间，斯巴达克同盟成员与政府军互相残杀。诺斯克部队的指挥官马洛中尉残酷地杀害了德意志人民水兵师的二十九名水兵。战斗停止后，在柏林东部地区搜查起义者和武器的过程中，发现了数百支机枪、数千支步枪、随身武器及弹药。由于德军士兵复员、纪律涣散，没有充足的兵力阻止革命，柏林无产阶级的武装比欧洲以往的任何革命起义都好。三月起义的失败是因为起义队伍缺乏指挥，缺乏纪律和计划协调。

诺斯克铁腕镇压了总罢工和起义后，斯巴达克同盟和独立社会民

① 即伯恩哈德·冯·许尔森（Bernhard von Hülsen, 1865—1950），德国中将。——译者注

主党的政治领袖们不顾一切地推卸起义惨败的责任。独立社会民主党的《自由报》解释说，这次起义是赖因哈特[①]与共和卫队及德意志人民水兵师之间的军事对抗造成的。德意志共产党中央委员会发布通告，否认斯巴达克同盟参与了此次失败的反叛行为。德意志共产党中央委员会认为三月起义爆发的原因是："这次起义是德意志人民水兵师和共和卫队分遣队进行的武装冲突。这些组织尽管是无产阶级组织，但与我们没有密切联系。相反，在一月革命中，他们要么在后方攻击我们的军队，要么在战斗中保持中立。不仅如此，现在他们正在为另一个目标而战，并不是斯巴达克同盟正在为之奋斗的目标。我们在为社会主义而斗争，反对资本主义及其代表；他们在为自己的军职而斗争，反对令人不满的军事指挥。这些都是我们之间的差异。因此，我们可以说，这些士兵不属于我们的政治联盟。"

第2节　国家防卫军

第二次世界大战爆发时，德意志军国主义曾大声疾呼："如果上帝以他的恩典赐予我们胜利，那么'被征服的人有祸了'。"在世界大战临近结束时，军国主义者在盟军"成王败寇"的呐喊声中，带领溃败瓦解的德军返回德意志。1918年底到1919年初的冬天，德军复员标志着普鲁士军事制度的结束。该制度自1866年以来保证了德意志的内部和平，并最终引起整个世界的恐惧和敌意。德军复员期间，由于革命军人委员会的政治活动和正规军军官权力的瓦解，战败的德军士气持续低落。德

① 即瓦尔特·古斯塔夫·赖因哈特（Walther Gustav Reinhardt, 1872—1930），德国军官，1919年1月2日—9月13日任普鲁士陆军部长，积极镇压了工人起义；1919年9月13日—1920年3月26日出任德国陆军总司令。——译者注

意志革命使旧兵役制度无法维持，也无法提前招募新兵来执行驻军任务。与此同时，临时政府放弃了革命初期组建红军的计划。因此，临时政府基于新形势组建了一支新的国家军队。

1918年12月12日，人民代表议会颁布法令，组建人民志愿军。该法令的规定比较激进，包括由人民选举官员，将人民志愿军限制为在前线服务过的二十四岁男子，建成的队伍独立于正规军组织。然而，这次军事重组并没有形成任何重要的志愿军队。1918年12月15日，战争部部长朔伊希辞职，自1918年11月11日以来他一直负责监督遣散旧军队工作。朔伊希虽然已经同意任命格雷为战争部副部长，但他在辞职信中指责德意志对战争部及德军军官和士兵的仇恨、猜疑和侮辱。朔伊希指出，如果没有这些经验丰富的军官和纪律严明的士兵的帮助，就不可能在新的国家维持和平和自由，建立良好秩序。朔伊希说得很对，他认识到彻底改组国家军队的必要性。

1919年1月19日颁布的政府法令重新确立了德军的军事权力，并为战争部部长赖因哈特在一月重组德军、击败斯巴达克同盟铺平了道路。从这段时间到三月起义，大部分德军的复员工作已经完成，只剩下行政军官、军校官兵、伤员、与协约国军队继续周旋的德军及被释放回来的德意志战俘尚未复员。不过，也有例外，在波兰前线由冯·兴登堡指挥的德军和莱茵兰的边防军没有复员。正是德意志国家防卫军这支新的正规军队，在三月战胜了斯巴达克同盟。此后，国家防卫军就成了守卫德意志共和国的力量。

然而，认为诺斯克指挥的部队都是重组的，就忽略了国家防卫军混乱的现状。事实上，旧的德军体系与新的军队编制共存。补给军、志愿军和正规军联合组成所谓的师或军。在某些部队，士兵委员会掌握权力，而在另一些部队，旧的正规军军官维持着纪律。一般来说，战争期间被征召服役的预备役军官得不到军队的信任。德意志国家防卫军组建后，军官们反对政府的政策，坚持维持普鲁士精神的传统。尽管许多军官因对国家的热爱而继续服役，但更多人留在军队是因为经济因素，或因为希望参加不可避免的政变。然而，只要斯巴达克同盟和独立社会民主党造成的危险仍然存在，诺斯克指挥的军队就能够控制政权。

三月起义结束时，柏林由志愿军和旧部队的核心负责保卫。很多德军部队再次占领了军营。实际上，所有仍然活跃的部队都设有招兵办公室。冯·莱托-福贝克[①]将军组建了莱托师，很快，莱托师的实力就可与莱因哈特旅、吕特维茨军和霍尔森自由军比肩。此外，近卫骑兵骑兵师、德意志国防师、陆军步枪队和波茨坦自由军也驻扎在柏林。

随着德军复员，德意志军事制度的弊端正在消除。与此同时，人们努力组织安全警察、家庭警卫、预备役部队、志愿军和国民警卫队。对于协约国提出的德军必须减少到十万人的要求，德意志的答复是，为了维持秩序和击退侵略，需要一支更大的有组织的自卫队。军官阶级仍然坚持实行征兵制。事实上，在波兰动乱期间，德意志政府毫不犹豫地在东部省份执行旧的帝国征兵制，以招募新的士兵。1917年，美国加入第一次世界大战，使德军猝不及防。德意志军官联盟认为："尽管德军在1918年秋的战斗中很英勇，但对疲惫的德军而言，还是希望有一支像美军一样的部队，能够维护和平。"正如考茨基大胆断言的那样，由于斯巴达克同盟的发展，军国主义重新抬头并获得支持。德意志找各种借口和理由，壮大军事力量。容克领袖冯·卡多夫[②]认为，威尔逊的十四点和平原则使德意志能够维持强大的军队。

① 即保罗·冯·莱托-福贝克（Paul von Lettow-Vorbeck, 1870—1964）。——译者注

② 即鲁道夫·弗里德里希·冯·卡多夫（Rudolf Friedrich von Kardorff, 1873—1945）。——译者注

除了莱茵兰和波兰前线的老兵，驻扎在内陆城镇的德军与柏林的革命军一样，可能随时起义。普鲁士自由邦和其他联邦州对自己的军队都没有足够信心。斯巴达克同盟和独立社会民主党的反叛持续威胁着德意志的安全和秩序。然而，分散的军事力量代表了新民主共和国的最后一道防线，共和国不断受到激进的社会主义和共产主义的攻击。

依照1919年3月6日法令组建德意志国家防卫军以来，就裁减防卫军、运送武器物资及压制德意志警察力量的问题，协约国与德意志共和国几乎一直在交换意见。根据《凡尔赛条约》的规定，德军人数被限制在十万人以内，其中包括四千名军官；取消了总参谋部和征兵制，提高德军效率。最后，该条约规定，所有与德意志共和国相关的军事条款必须在1920年4月10日之前执行。

据德意志国防部部长诺斯克介绍，德军签订《凡尔赛条约》时的兵力为四十万官兵，其中，约有一半驻扎在波罗的海国家及德意志南部和东部边境。《凡尔赛条约》签订后，艾伯特下令逐步减少国家防卫军人数和驻扎在科尔贝格[①]的总司令部指挥下的部队人数。1919年3月18日，冯·兴登堡元帅和格勒纳将军告诉诺斯克部长："德军对德意志政府有信心，对国防部有些信心，但对国防部部长诺斯克有无限的信心。"这充分证明了军事主义的存在，这种精神可能比和平条约更能有效地维持德军兵力。然而，诺斯克无法从协约国那里获得任何关键性的让步，只能尝试逐步削减德军。由于德意志存在诸如志愿军、安全警察、公民卫队等警察部队，协约国认为这些警察部队实际上是德军的"伪装"军事储备，这使裁军问题更加复杂。普鲁士军国主义者被指控企图效仿普鲁

① 科尔贝格，今波兰西北部城市科沃布热格，第二次世界大战前属于德国。——译者注

士在《蒂尔西特条约》[1]之后成功奉行的政策。

据协约国可靠的情报，德军在1920年2月1日的兵力如下：

现役部队	前帝国军队的分队和支队	90，000人
	驻扎在苏维埃俄国战俘营地的守卫	40，000人
	德意志国家防卫军	300，000人
	总计	430，000人
警察部队	志愿军	150，000人
	安全警察	120，000人
	公民卫队	100，000人
	巴伐利亚地方卫队	30，000人
	总计	400，000人

德意志试图在圣雷莫举行的协约国会议上获得许可，将德意志国家防卫军的兵力维持在二十万人，但遭到拒绝。根据协约国1919年4月27日的决定，到1920年7月10日前，德军可以维持在二十万人，之后，根据《凡尔赛条约》的规定，德军将减少到十万人。同时，1920年3月6日，德意志颁布法令，建立新的过渡军组织，以取代德意志国家防卫军。这支过渡时期防卫军的构成与未来正式德军的构成相同，包括二十支混合旅，三个骑兵师，特种部队和卫生部队。1920年7月7日，在斯帕召开的德意志共和国和协约国的会议上，代表德意志发言的冯·塞克特[2]将军要求将裁军的时间推迟十五个月，以便将德军从二十万人减少

① 《蒂尔西特条约》，1807年7月，在弗里德兰战役胜利之后，法兰西帝国拿破仑分别与俄国和普鲁士王国在蒂尔西特签署了两项协议，共称为《蒂尔西特条约》。根据条约内容，法兰西帝国与俄国之间结束战争，结成同盟；而普鲁士近一半的领土被多国瓜分。——译者注

② 即汉斯·冯·塞克特（Hans von Seeckt，1866—1936），德国军事家，德国国防军之父。1920年至1926年担任德国国防军总司令。——译者注

到十万人。这一要求引发了新的谈判。最后，协约国同意推迟德意志裁军的期限。1921年1月1日，协约国与德意志最终达成一致，同意德军减少到十万人，德军的构成应依据《凡尔赛条约》的规定。

在裁减德意志警察部队方面，协约国也遇到了同样的困难。1920年，志愿军、公民卫队逐渐减少或解散。与此同时，安全警察的人数增加了。柏林政府没能削弱巴伐利亚地方卫队的力量。1920年6月22日，在布洛涅召开的会议上，协约国要求德意志逐步减少安全警察的人数，把战前的普通警察人数从九万两千人增加到十五万人，并要求安全警察和普通警察的总人数不能超过十五万人。

尽管新组建的德军最终被缩减到《凡尔赛条约》规定的组织计划范围内，但仍然反映了德军指挥能力强，例如，冯·塞克特自德意志十一月革命以来一直把全部精力用于德军重组。因此，现在的德意志国防部也许比法国、英国和意大利的国防部组织得更好。在组织细节中，德意志国防部汲取了许多世界大战期间行政和指挥方面的重要经验教训。

德意志国家防卫军被认为是一种力量，将带来德军复兴。德意志革命结束时，德意志国家防卫军几乎全部由在帝国军队服过役的正规军组成。参加世界大战的七百万名德军老兵中，大部分都支持这支部队。因此，德意志领导者做好了组建军队的准备。德军之前的指挥和宣传者相信未来仍会有战争，并向德意志宣布："战争的时代还将到来。"

第3节 共产主义的小规模起义

尽管斯巴达克同盟在1919年春和冬经历两次战败，但没有放弃对"直接行动"的信心。在柏林遭遇第二次失败后，斯巴达克同盟计划在德意志主要工业城市对政府发动一系列激烈的攻击。独立社会民主党支持斯巴达克同盟的计划，并赞成在德意志各地建立无产阶级专政。几乎与柏林三月起义同时，柯尼斯堡、布雷斯劳、上西里西亚、汉堡、埃姆登、莱茵兰、威斯特伐利亚和图林根都发生了骚乱。这些小规模起义几乎都被控制，要么是因为起义者向起义地区的士兵委员会做出政治让步，要么是因为罢工工人的经济要求得到满足。然而，起义说明1919年3月12日之前一周，德意志共和国形势严峻。

贝拉·库恩[①]在布达佩斯建立了苏维埃政府，随后建立了布尔什维克主义的匈牙利，对德意志产生了重大影响。此时，联合政府不遗余力地试图加强舆论宣传，以反对协约国和平条件，包括交出商船队及让哈勒军队抵达但泽。联合政府坚定的态度得到了无政府主义者、军国主义者和官僚的支持，他们在柏林强烈抗议协约国关于但泽的提议。在柏林，鲁登道夫受到热烈欢迎，超过五十万德意志民众仍对威廉二世怀有敬意。许多德意志民众认为，随着布尔什维克主义向匈牙利蔓延，民主的西欧将被吞没，而由容克和官僚主义者保护下的德意志将摆脱红色布尔什维克的冲击。

对德意志共产党而言，匈牙利的布尔什维克革命仅仅是德意志共产党即将获得胜利的标志。德意志革命似乎正在迅速走向胜利。斯巴达克同盟的支持者出于经济利益考虑，支持水兵在汉堡和其他德意志港口的暴乱。斯巴达克同盟与君主主义者采用相同的方法获得民众支持，都宣传协约国计划封锁德意志，迫使德意志挨饿而投降。1919年3月，协约国宣传者从各地报道说，布尔什维克主义的德意志才是真正的危险。

1919年4月7日，因政府监禁了某些独立社会民主党领导人，马格德堡一个警卫团的士兵逮捕了司法部部长兰茨贝格和第四军指挥官冯·克

① 贝拉·库恩（Bela Kun, 1886—1939），匈牙利共产主义革命者，1919年宣布成立匈牙利苏维埃共和国，并成为领导人。——译者注

莱斯特。随后，1919年4月8日，马格德堡发生了一次大罢工；美国红十字会的一部分仓库遭到洗劫；直到诺斯克率领政府军占领马格德堡，秩序才得以恢复。骚乱中，斯巴达克同盟的飞行员在马格德堡上空散发宣传单。

在鲁尔，矿工和工业工人宣布举行总罢工。斯巴达克同盟再次支持表面上看起来是经济运动而非政治运动的罢工。鲁尔煤炭月产量减少到十万吨。二百二十一个矿井关闭，约三十七万两千名矿工加入罢工。在埃森，克虏伯工人、铁路工人、电气工人和其他工人都加入了这场罢工。形势非常严峻，因此，在柏林召开的工人士兵委员会代表大会敦促鲁尔的罢工者重返工作岗位，代表大会建议政府批准矿工的正当要求。

由于鲁尔的局势引起了协约国的注意，政府对鲁尔罢工者态度坚决。政府宣布埃森和鲁尔全城戒严。政府承诺协约国的粮食运抵时，将在协约国的指示下采取行动，不会给继续罢工的工人任何好处。自此，尽管局势有利于无产阶级的成功，但罢工势头逐渐衰弱。然而，鲁尔注定要成为斯巴达克同盟的大本营。

西德其他地区也爆发了罢工和革命运动。曼海姆、卡尔斯鲁厄、杜塞尔多夫和法兰克福都发生了罢工和起义。在沃尔芬比特尔，罢工工人委员会建立了共和国，直到遭到政府军的攻击才解散。当协约国和德意志讨论但泽问题时，1919年4月11日，沃尔芬比特尔发生了一次罢工。布尔什维克主义的代表施莱因斯坦和三百名俄罗斯人表明了此次罢工是受苏维埃俄国影响。

同时，斯巴达克同盟和独立社会民主党计划在1919年4月的第二周在柏林进行一次大罢工。罢工运动得到广泛宣传；柏林工人表达了对经济形势的不满，并决心争取社会主义者的支持。《前进报》抨击该计划会严重影响工人，工人会阻止食品抵达和分发。柏林社会民主党执行委员会还向工人发出了禁止罢工的宣言。政府做出诸多努力，安抚柏林无产阶级，但百货商店的文员、钢铁工人和柏林银行的员工还是再次罢工，并给政府造成了威胁。劳工部部长鲍尔尝试在雇主和雇员之间进行调解，获得了一些成效。

在此期间，柏林几乎处于被包围状态。德军守卫着威廉大街和主要的政府机构。1919年4月9日，斯巴达克同盟和罢工者计划用一队受伤的退伍军人袭击政府。但诺斯克隔断了所有进入城内的交通，并用铁丝网隔开了政府区。

1919年4月初，在劳工的支持下，起义者控制了不伦瑞克，并宣布进行全面罢工。激进分子要求：宣布议会共和制；与匈牙利、苏维埃俄国和巴伐利亚结盟；消灭全世界的军国主义和资本主义；推翻艾伯特政府，解散国民议会。随后，一些城市官员、医生和药剂师也开始罢工。电话、电报和邮局迅速关闭，铁路停止运输。在人民水兵师的支持下，起义者成立了苏维埃性质的政府。此前，曾镇压马格德堡共产主义者的诺斯克命令梅尔克将军占领不伦瑞克，并于1919年4月20日恢复不伦瑞克的社会民主党政府。面对不断爆发的革命，德意志共和国组建了临时军队来维护政府。与此同时，1919年4月12日，在萨克森，斯巴达克同盟与不满的退伍军人和受伤的士兵谋杀了萨克森的战争部部长古斯塔夫·纽林。萨克森煤矿区已经开始罢工，而莱比锡的独立社会民主党实际上赞成建立议会共和国。斯巴达克同盟曾计划鼓动萨克森集中营中的苏维埃俄国囚犯起义，并希望在这些布尔什维克主义者中组成一支红色卫队。德意志政府在德累斯顿宣布戒严，维持统治。包括德意志共产党在内的各党派都不承认是杀害纽林的凶手。然而，独立社会民主党警告政府不要向德累斯顿派遣志愿军。最重要的是，在莱比锡的共产主义者还没完全组织起来前，德累斯顿的共产党就采取了行动，他们的提前行动破坏了共产主义总起义的计划。诺斯克又派梅尔克指挥的部队去对付德意志共产党和独立社会民主党，镇压了莱比锡的起义。

1919年4月，德意志工人士兵委员会第二次代表大会在柏林举行。自工人士兵委员会第一次代表大会要求召开国民议会时起，已经过去了四个月。斯巴达克同盟和独立社会民主党希望工人士兵委员会第二次代表大会谴责联合政府，建立苏维埃共和国。然而，社会民主党控制了工人士兵委员会第二次代表大会的选举，打算只讨论商业委员会和工业社会化的问题。会议期间，讨论的问题超出了此次代表大会的职权范围，例如，和平条件、德意志被封锁的状态、国家防卫军和波兰问题。

米勒发表了独立社会民主党的观点："国民议会完全失败了，德意志民众很愤怒。"多伊米希断言急进的德意志民众一定会建立苏维埃制度。与此同时，社会民主党谴责独立社会民主党支持共产主义起义，并指责独立社会民主党是柏林三月起义的同谋。

关于德意志的军事政策，参加代表大会的各方未达成统一意见。德意志士兵委员会赞成完全解散旧帝国军队，建立瑞士兵役制度。军国主义受到许多社会主义者的猛烈抨击。预备役中尉施托伊贝尔-卡塞尔说："诺斯克是否相信在旧将领的帮助下，可以让德军不受政治影响？没有不参与政治的士兵。"在通过关于当前问题的一般性决议后，这次代表大会休会。会议没有取得重要的结果，很明显，革命团体不能依靠工人士兵委员会的支持。

第4节　慕尼黑公社

共产主义在德意志北部建立苏维埃共和国的努力失败了，但1919年4月在巴伐利亚获得了暂时成功。1919年1月的选举结果使工人士兵委员会的领导者和激进派认为，在受反动人士和资产阶级影响的民主共和国，无产阶级不可能获得解放。因此，尽管独立社会民主党在国民议会上几乎没有代表出席，但独立社会民主党人巴伐利亚自由邦总理艾斯纳在巴伐利亚议会召开后仍然留任。然而，艾斯纳意识到自己的地位是保不住的。在1919年2月21日被阿尔科[①]谋杀前，艾斯纳正要放弃自己的职位。同一天，他的同事社会民主党人奥尔被工人士兵委员会执行委员会的一名成员刺杀。1919年2月22日，慕尼黑宣布戒严；慕尼黑报社停业十天；巴伐利亚议会由革命卫队控制；工人士兵委员会暂时接管巴伐利亚临时政府。尽管如此，在社会民主党人霍夫曼[②]的领导下，巴伐利亚政府迅速成立，但新政府受到极端分子的控制：例如，在诺伊拉特[③]的指导下，新政府快速推进巴伐利亚报业的社会化。

尽管德意志政府做出让步，但独立社会民主党和社会主义者的反对情绪高涨。苏维埃俄国的宣传者来到巴伐利亚，到1919年4月，工人士兵委员会夺取政权的行动迫在眉睫。霍夫曼政府无力阻止这场灾难。1919年4月6日，巴伐利亚中央委员会向民众宣布：“已经做出决定，巴伐利亚是工人士兵委员会领导的共和国。劳动人民是自己命运的主人。巴伐利亚的革命无产阶级和农民，以及士兵，没有党派之分，都应团结起来，从此消除巴伐利亚的一切剥削和压迫。解散各州议会，委员会已任命机密人员担任人民委员。报刊实行社会化，红军正在组建。我们拒绝与可鄙的谢德曼政府合作。”于是，慕尼黑落入了共产主义者手中，革命运动开始蔓延。巴伐利亚共和政府领导人霍夫曼逃离了慕尼黑。英戈尔施塔特、安斯巴赫、安伯格、雷根斯堡是巴伐利亚最早效仿慕尼黑

① 即安东·阿尔科-瓦莱（Anton Arco-Valley, 1897—1945）。——译者注

② 即约翰内斯·霍夫曼（Johannes Hoffmann, 1867—1930）。——译者注

③ 即奥托·诺伊拉特（Otto Neurath, 1882—1945）。——译者注

革命运动的城镇，要建立工人士兵委员会领导的苏维埃性质的政权。北巴伐利亚苏维埃共和国成立，以纽伦堡为政治经济中心。

共产主义者开始统治慕尼黑，宣布了一项全国性假日，并开始了宣传活动。1919年4月8日，埃里希·米萨姆[①]发表宣言，宣布新政府的工作将不考虑资产阶级和资本家的利益，并与苏维埃俄国和匈牙利组成联盟。从此，联合起来的无产阶级有了共同的敌人，即反对派、资本主义、压迫阶层和特权阶层。蒂普博士领导了巴伐利亚苏维埃共和国的外交事务，并郑重地向其他委员宣布："我向符腾堡州和瑞士宣战，因为它们没有立刻借给我六十辆车。我确信我们会征服它们。我已向教皇请求他的祝福，希望有利于最终的胜利。"

巴伐利亚苏维埃共和国禁止所有针对独裁政权的出版物，并任命革命法庭审判共产主义的敌人。为了镇压反革命，1919年4月14日，布尔什维克指挥官埃格尔霍费[②]下令反革命分子在十二小时内交出所有武器，并接受死亡惩罚。为使革命迅速获得成功，共产主义者发布行动纲领，要求夺取城市所有粮食，并武装所有无产阶级男性。在巴伐利亚第二团、第三团和慕尼黑卫戍区其他部队的支援下，红军很快组建。共产主义者意识到，除非他们能够控制巴伐利亚的农业区，否则共和国政府终将失败，因此，他们尽一切努力来加强这种控制。1919年4月14日，星期一，欧根·列维涅成为巴伐利亚苏维埃共和国的领导人。就在同一天，共和国政府被推翻，但1919年4月15日再次执政。为了给军队提供资金，财政委员门纳下令打开慕尼黑所有银行，没收货币。为了保护巴伐利亚的共产主义领土不受霍夫曼和诺斯克集结部队的侵扰，巴伐利亚

① 埃里希·米萨姆（Erich Muehsam, 1878—1934），无政府主义散文家、诗人和剧作家。第一次世界大战结束后，成为巴伐利亚苏维埃共和国的主要宣传者之一。——译者注

② 即鲁道夫·埃格尔霍费（Rudolf Egelhofer, 1896—1919）。——译者注

苏维埃共和国政府制订了详细的军事计划。

1919年4月16日，慕尼黑布尔什维克指挥官埃格尔霍费在《工人士兵委员会执行委员会公报》中发表了以下宣言："全世界无产者团结起来！你们要去征服，并且必须征服！所以你们要自律，为自己选择有能力的领导者，默默服从他们，但如果他们在战斗中失败了，就立即将他们撤职。你们要组建部队，每天在工厂指定地点集合进行军事训练。危急时刻，这些集合点可以成为接受命令和指示的地方。你们要每天进行演习，保持军事队形。你们要组织军队在慕尼黑展示军事实力，掌握武器弹药，防止被夺走。只有纪律和无产阶级秩序才能拯救革命和议会无产阶级共和国。无产阶级和革命军人万岁。"

在慕尼黑宣布布尔什维克统治后，霍夫曼与巴伐利亚自由邦政府一起退到纽伦堡，宣布纽伦堡是巴伐利亚州自由政府所在地。然而，纽伦堡形势不稳定，迫使他将政府迁往班贝格。德意志南部的巴登州、威滕贝格州和黑森州承认班贝格政府，而谢德曼从一开始就认为有必要镇压巴伐利亚共产主义者。只有巴伐利亚陷入危险，诺斯克才会领导德意志政府军进入巴伐利亚。

霍夫曼、巴伐利亚战争部部长施内彭霍斯特和诺斯克在魏玛举行会议后，普鲁士军队进军巴伐利亚。哈泽麾下的符腾堡军也从西部边境向慕尼黑挺进。它们逐渐包围了慕尼黑，重新占领了巴伐利亚北部城镇及奥格斯堡，镇压了当地的共产主义者。慕尼黑共产党不断对抗前进的政府军。肯普滕、罗森海姆和帕滕基兴成为双方激战之地。普赫海姆集中营里的许多苏维埃俄国囚犯加入了慕尼黑共产党。然而，布尔什维克无法抵挡诺斯克的普鲁士军队，1919年5月1日晚，冯·奥芬中将指挥的政府军最终占领了慕尼黑。

由于盲目模仿苏维埃俄国的做法，共产主义在慕尼黑的短暂统治以悲惨结局告终。共产主义者最后的行动之一是在路易波德体育馆处决一些人质，杀害了S.贝格尔教授、希拉·冯·韦斯特哈普伯爵夫人和冯·图尔恩·塔克西斯亲王。许多协助建立无产阶级专政的外国密谋者逃离德意志。然而，大多数巴伐利亚人支持霍夫曼政府，因此，霍夫曼政府立即着手恢复慕尼黑秩序。

尽管屡次失败，斯巴达克同盟仍在德意志继续宣传。埃尔茨巴赫[①]教授在《每日评论》中写道："德意志应该立即成为共产主义国家，断开与协约国的所有联系，与俄国革命联合起来，净化世界。"狭隘的资产阶级通常说斯巴达克同盟必然能掌权，因为民众认为斯巴达克主张剥夺资产阶级的特权。事实上，德意志工人并不关心激进分子的原则和计划，但深受斯巴达克同盟和独立社会民主党口号的影响——"只有我们能拯救被社会民主党和资产阶级背叛和毁灭的德意志"。

在莱茵兰、威斯特伐利亚、汉萨同盟城市、图林根、萨克森及东普鲁士和巴伐利亚的几个工业中心，发生了共产主义运动。除了在柏林和慕尼黑，德意志共产主义并没有严重威胁联合政府。1919年暮春，德意志的关注点从德意志革命转移到了《凡尔赛条约》的签订，处于严峻政治形势中的德意志更在意如何以和平形式结束世界大战。

① 即保罗·埃尔茨巴赫（Paul Eltzbacher, 1868—1928），德国法学教授。——译者注

第 9 章

接受《凡尔赛条约》

The Acceptance of the Treaty of Peace

第1节　德意志对战后和平的态度

在冯·兴登堡和鲁登道夫统治下，德军的目标是“德意志的胜利、国家的福利、值得德意志民众为之牺牲的和平”。对协约国和相关国家即将强加给战败德意志的和平条款，冯·兴登堡和鲁登道夫没有抱任何幻想。事实上，在停战协定签署期间，德军的高级军官已经充分意识到德军战败和撤退带来的严重后果，这比历史上拿破仑在莫斯科战败对法兰西第一帝国的影响还要严重。德军军官同意了泛日耳曼主义的部分征服计划，自然觉得协约国军队会坚持分裂德意志。因此，那些曾在1914年兴高采烈地喊出“成王败寇”的人陷入了悲观和绝望。军事宣传者的确提到了德军对真实战况有所隐瞒，但这只是为了安抚不知情的德意志民众。

1918年底到1919年初的冬天，德意志舆论提供了确凿的证据，证明德意志战败后，德意志民众对真正的军事和政治形势缺乏了解。新闻界和政府谨慎地隐瞒了如下事实：德意志已经接受威尔逊总统的十四点计划，并接受了法国和英国提出的保留意见。因此，德意志民众期望在对十四点计划仍有争议的基础上实现正义的和平，认为德意志能够很快恢复。很多人认为，在战场上战无不胜的德意志，已经能够与协约国平等谈判，以确保美国慷慨提供的公平的和平条件。德意志宣传人员完全不了解1914年以来，德意志帝国与其他国家的差距越来越大，也不了解协约国在世界大战期间试图解决的重大思想问题、政治问题和经济问题。1919年元旦，威廉大街上，几乎就在前美国大使馆的前面，德意志宣传人员仍然公开展示了“卢西塔尼亚”号纪念章①。

即使在德意志革命之后，德意志民众也没有充分认识到德意志应承担的战争责任和战争罪行，而这些成为影响协约国对德意志态度的决定因素。泛日耳曼主义者狡辩道，德意志帝国并没有挑起世界大战的罪行。柏林的舍费尔把世界大战的责任归咎于协约国。然而，艾斯纳遇刺身亡深深地震动了德意志。随后，考茨基公布了对柏林外交部文件的调查结果。弗尔斯特教授是最早对德意志的罪行问题明确表达立场的德意志知识分子之一。和平主义者阿尔弗雷德·弗里德博士在《坚实的基础》一文中称，德意志策划了世界大战，即使在德意志革命后，也没有采取任何行动来打破旧的德军传统，而正是德军传统摧毁了德意志。

因此，德意志对战后和平的态度是错估了国际局势的严重性。谢德曼政府的内政和外交政策都没有体现出解决军国主义、战争罪或德意志与波兰及苏维埃俄国关系等问题的必要性。在柏林，人们普遍对法国和英国达成和平协议的前提感到困惑。马克斯·蒙格拉斯伯爵和伯恩斯托

① 1915年5月1日，当时世界上最快的游船“卢西塔尼亚”号满载1959名乘客和船员从纽约出发，5月7日在爱尔兰外海被德军鱼雷击中，造成1195名乘客和船员死亡。“卢西塔尼亚”号沉船事件后，德意志著名奖章雕刻家、雕塑家卡尔·X.格茨雕刻了纪念章，讽刺英国政府不顾德意志的警告，为了赚钱而罔顾乘客和船员的性命。纪念章上的日期错写为5月5日，激起了协约国的反德情绪，指责沉船事件是德军有计划的谋杀。随后，卡尔·格茨将日期改为5月7日，但反德情绪持续高涨，德意志政府开始控制纪念章售卖并进行没收。——译者注

夫都谴责任何不严格遵循十四点计划的和平条款。考茨基认为威尔逊的外交政策是数百万德意志人摆脱外国枷锁的唯一希望。与此同时，根据从巴黎和会传回的消息，最终的和平条款将会让德意志无法忍受。

第2节 德意志—奥地利共和国问题

停战期间，德意志舆论对预期的协约国和平条款非常关切，针对战争罪、领土割让、赔款、军事占领和未来的德意志重组等问题展开了自由辩论，其中，对国家至关重要的问题中，讨论最多的莫过于德意志—奥地利共和国问题。早在1918年11月，奥地利议会就投票赞成最终与德意志合并。奥地利和德意志各政党都提出了这个问题。1918年11月30日颁布的德意志临时政府选举法规定，在两国合并的情况下，由普选产生的奥地利议会所有成员均可进入德意志国民议会。从极左到极右，不管之前对大德意志问题的态度如何，如今，所有德意志政党都欢迎奥地利成为德意志共和国的联邦国家。奥地利政府、媒体和宣传人员提出应自主决定是否加入德意志联邦。奥匈帝国解体时，大多数讲德语的奥地利人赞成加入德意志。在奥地利政治学家看来，奥地利的未来有三种可能性：建立由前奥地利帝国成员组成的联邦国家；与捷克斯洛伐克、波兰和南斯拉夫建立关税同盟；或者与德意志联合。一部分人强烈反对奥地利与德意志联合，并要求从1918年10月31日起，巴本堡公爵的红、白、红三色旗帜应该飘扬在自由、独立的奥地利上空。

奥地利与德意志的联合将实现大德意志帝国1813年和1848年的伟大政策，将补偿德意志失去的阿尔萨斯—洛林和波兰的领土，并将德意志民族的所有分支统一为联邦国家。关于建立德意志联邦的问题自1740年就一直存在，德意志愿望是真诚的，所有政党都相信，德意志革命至少会让所有德意志民族以联邦的形式联合起来。

然而，执行在多瑙河流域建立共和国的政策的两位能干的奥地利政治家——卡尔·塞茨总统和卡尔·伦纳总理对统一的态度比较谨慎。某些奥地利领导人认为，如果都要求与德意志结盟，协约国给予奥地利的和平条款更有利。但奥地利的政党都认为如果协约国提出的和平条款得到执行，奥地利就不能作为一个独立的国家存在。

1919年4月，德意志—奥地利共和国驻柏林大使卢多·哈特曼认为，德意志与奥地利不可能因和平条款而永久分开，历史会摧毁巴黎正在描绘的虚假外交图景。“决定就在眼前。”他补充道，“然而，在此之前，每个德意志人都必须支持建立德意志联邦，这是正义而必要的，这就是所谓的大德意志。”

第3节　和平计划与谈判

德意志共和国的外交政策中不仅设想与奥地利联合，也期待恢复失去的殖民地。佐尔夫呼吁德意志应收回殖民地，在一系列的政治宣传中，他为前帝国主义殖民政策辩护，并主张至少恢复德意志在非洲和太平洋地区的部分殖民地。德意志社会民主党和天主教党也赞成维持德意志的殖民帝国。1914年以前，德意志帝国就因实行殖民制度而遭到指责。在世界大战和停战期间，德意志被指控在其殖民地犯下了严重罪行。尽管德军在非洲和远东都犯了许多错误，但与其他欧洲强国的殖民政策相比，德意志的殖民政策效果更好。德意志不会因战败而失去殖民地，但会因经济、政治和水兵方面的因素而失去殖民地，这是协约国不能忽视的。

德意志共和国希望国际联盟帮助自己摆脱世界大战战败带来的影

响。历史上，普鲁士国王腓特烈大帝曾支持康德关于和平的不朽作品；1918年，普鲁士以不可思议的速度发展了一批和平组织。早在1918年12月8日，这些组织的成员就在柏林会面，承诺新共和国将加入国际联盟，维护正义的和平。许金①、海伦妮·施特克尔②和伊丽莎白·罗滕③呼吁全世界的良知，呼吁实现公正的和平。

随后，伯恩斯坦发表了一篇关于和平问题的得意之作，而埃茨贝格尔早在1918年9月就发表了一部关于国际联盟问题的学术著作。根据埃茨贝格尔精心准备的德意志相关主题的著作目录，即使是在德意志，人们也对国际联盟的计划感兴趣。停战后，德意志民众突然对国际联盟产生了热情，当然，这很大程度上是国家努力争取有利和平条件的结果，同时，民众对国际联盟的热情可能也会引发新的问题。宣传人员称，国际联盟很可能成为胜利者的代表，统治世界。1919年2月3日，巴登亲王声明，协约国要么建立世界规则，要么在国际联盟中采取一种新的广泛的政治政策。

尽管德意志已经就停战延期、粮食、哈勒的军队和其他问题与协约国进行了谈判，但直到1919年4月，协约国才正式邀请德意志派代表参加凡尔赛的和平会议。当时，德意志舆论对最终的和平条款感到悲观，而和平谈判的结果每周通过电报传回德意志。德意志保守派和自由派认为协约国对德意志提出了过分要求。

① 即瓦尔特·许金（Walther Schücking, 1875—1935），德意志自由派政治家，国际法教授，海牙国际法庭的第一位德意志法官，也是同盟国向巴黎和会提交《凡尔赛条约》草案的六位德意志代表之一。——译者注

② 海伦妮·施特克尔（Helene Stoecker, 1869—1943），德意志女权主义者、和平主义者和女权活动家。——译者注

③ 伊丽莎白·罗滕（Elisabeth Rotten, 1882—1964），德意志基督教贵格会和平活动家和进步主义者。——译者注

第一次会谈就使德意志面临尴尬局面。美国与意大利的决裂也说明威尔逊在执行十四点计划时遇到了困难。尽管德意志国民议会通过决议，敦促德意志政府拒绝签署危害德意志民众的和平条款，但外交部清楚了解协约国条款的性质，并准备资料，以确保在凡尔赛进行协调。

随着德意志外交部部长布鲁克多夫-兰曹启程前往巴黎的时间临近，国民议会的一些成员，如中央党人普法伊费尔及之前支持兼并主义的国民议会代表含蓄地威胁说，如果和平条款令人不满意，他们将发动报复性战争。独立社会民主党立刻谴责复仇战争的罪恶想法，主张即使威尔逊未能执行十四点计划，也要签署《凡尔赛条约》。这是和平条款问题上内部政治斗争的开始，注定会妨碍德意志代表团的谈判，并阻止谢德曼内阁坚持的消极抵抗政策的执行。

考茨基不仅批评了德意志代表团的成员，特别是兰茨贝格，还指责德意志政府制造了反对签署《凡尔赛条约》的沙文主义舆论。哈登写道："现在的掌权者不仅拒绝公布指控文件，还希望霍亨索伦家族回来保留他们的位置，或者至少给他们发放养老金。"

《我控诉》的作者反对就协约国和平条款举行公民投票的计划，称新政府必须对德意志接受或拒绝和平条款承担责任。伯恩斯坦批评社会民主党报纸和假装民主的报纸仍然支持旧的帝国制度。布赖特沙伊德写道，和平条件将非常苛刻，因为德意志在世界大战中被打败，以及德意志领导人轻率地犯下罪行、发起残酷的战争，并且不计后果地延长世界大战，导致彻底的灾难。考虑到谢德曼、达维德、兰茨贝格和埃茨贝格尔等政治家的过去，布赖特沙伊德补充说，协约国不会信任德意志。

第4节 德意志对和平条款的反应

1919年5月8日，柏林收到了协约国与相关国家提出的和平条款。德意志新闻界发布协约国的主要要求后，德意志全境掀起了抗议浪潮。如果协约国摧毁普鲁士，重建威斯特伐利亚王国和汉诺威王国，恢复1815年的联邦，就会给德意志民众带来毁灭性影响。柏林政府立即向全国和东普鲁士发布公告，抨击条款过于严苛。与此同时，数千名柏林民众聚集在美国军事代表团的总部前。聚集的人群大声喊了几个小时："我们的十四点计划在哪里？威尔逊的和平条件在哪里？你们正义的和平在哪里？"

符腾堡、巴登和其他州发布公告，抨击和平条款。除独立社会民主党外，其他政党拒绝了协约国的提议，并呼吁支持者支持自己。社会民主党向所有成员发布公告：和平条款将使德意志工人成为外国资本家的长期奴隶；和平条款意味着给德意志判了死刑，是对十四点计划的嘲弄；和平条款将带来新的战争，不能建立永久和平。公告的结尾是："所有无产阶级，团结你们的力量，以防止不平等条约的签订。"德意志民主党立即投票决定不签署条约。

德意志共和国的抗议活动最终都集中在首都柏林。德意志民众情绪悲伤。德意志主要城市举行了抗议会议，而在西里西亚和西普鲁士，民众处于绝望状态。

1919年5月12日星期一，一直害怕在柏林开会的国民议会在柏林大学新礼堂召开了特别会议。除了独立社会民主党，其他政党都支持德意志政府。谢德曼宣布："德意志政府不会接受和平条款。"哈泽则认为尽管和平条款违反了民族自决原则，包含了无法承受的经济要求，但德意志需要和平。哈泽还说："这场灾难的责任在于德意志帝国和哈布斯堡的军国主义者。1914年夏，德意志帝国的军国主义者点燃了世界大战的战火。所有支持前政府战争政策及延长世界大战，甚至在停战后还阻止清除旧政权的人也要承担责任。世界革命将解放各地的无产阶级，从而解放人类，它还将使目前强加给我们的和平条款得以调整。”

除了独立社会民主党，德意志其他政党发言人都谴责协约国和相关国家制订的和平条款，并且拒绝接受。社会民主党人赫尔曼·穆勒说：“我们坚信和平条款不过是换一种方式继续战争。和平条款确实是协约国半年秘密外交的真正产物。全世界谁会相信新的国际法时代会以这种和平形式开始。联合政府满怀理想，进行了反独裁统治和反军国主义的运动，现在为什么没有理想了？”格罗伯①以中央党的名义宣布，和平条款违反了威尔逊的十四点计划，不是正义的和平，并且在政治、经济和文化上摧毁了世界上伟大的国家之一。德意志民主党人豪斯曼惊呼：“德军和工人在1918年11月5日和11月9日如果知道和平是这样的，他们就不会放下武器，所有人都会战斗到底。”针对《布列斯特—里托夫斯克和约》和《布加勒斯特条约》，民族主义党领袖和政治家冯·波萨多夫斯基-魏纳②毫不掩饰地说：“在外交历史上，有一份臭名昭著的条约，即英格兰与葡萄牙缔结的《梅休因协定》③，这个条约彻底摧毁了葡萄牙的工业。此前，《梅休因协定》被视为残酷权力和背信弃义的典型……如果将和平条款强加在我们身上，这些条款将成为恶龙的牙齿，由协约国播撒在德意志的土地上，德意志将爆发起义，我们终将获得自

① 即康拉德·格罗伯（Conrad Gröber, 1872—1948）。——译者注

② 即阿图尔·冯·波萨多夫斯基-魏纳（Arthur von Posadowsky-Wehner, 1845—1932）。——译者注

③ 《梅休因协定》，1703年，英格兰王国和葡萄牙王国签署的条约。根据条约，英格兰商人能够以低税进口葡萄牙的葡萄酒。同时，英格兰的羊毛和毛织品等商品打开了葡萄牙市场。该条约阻碍了葡萄牙工业的发展。——译者注

由。”德意志人民党领袖施特雷泽曼说：“我们被打败了，但是否被轻视，是否能够赢回尊严，取决于我们自己。”1917年发表《国家代表参与缔结和平条约》一文的作者称，和平条款背叛了德意志的利益，违背了承诺，践踏了手无寸铁的国家。注定要成为德意志共和国总理、接受和平条款的费伦巴赫惊呼：“德意志民族是世界上最和平的民族，不应为这场世界大战承担责任。德意志民族只想在阳光下有立足之地，不想压迫任何人，只想保护自己的国家。挑起世界大战的责任在于我们的敌人协约国……未来，德意志妇女也将生育孩子，而在奴役中成长的孩子将奋力挣脱奴隶的枷锁，摆脱德意志的耻辱。”

此次国民议会不仅是一次重要的会议，也让德意志政府在会议上公开指出，除非协约国提出的条款得到彻底修订，否则将拒绝接受条款。随后，在会议讨论阶段，德意志各政党领导人态度更加强硬。反对派和自由派主张采取极端措施，包括即使以被协约国占领为代价也要拒绝和平条款。“让协约国占领德意志”成了广大德意志民众的口号。德意志民众将威尔逊称为伪君子、刽子手和印第安人。

德意志政治家和宣传人员联合谴责和平条款。《前进报》报刊编辑施坦普费尔说，德意志只能签署涉及新世界规则的条约。利赫诺夫斯基亲王卡尔·马克斯，敦促联合政府拒绝和平条款。埃茨贝格尔称和平条款让人反感。费伦巴赫称应该拒绝《凡尔赛条约》的和平条款，因为和平条款将为德意志带来威胁。巴登亲王反对接受和平条款。施特雷泽曼认为《凡尔赛条约》是对德意志的羞辱，敦促德意志采取行动予以反击。德意志各地抗议和平条款的具体条目。中央党人格罗伯指出《凡尔赛条约》中最不能接受的是经济条款，这一说法很正确。诺斯克抗议将十四万头奶牛交给协约国，并反对削减德军。在柏林共和广场的一次大型集会上，自称是真正美国妇女的梅·贝弗里奇小姐说：“只有公正的和平才能使和平成为可能；任何其他形式的和平都是对人类的侮辱。如果签订《凡尔赛条约》的人不能带来和平，我们就必须呼吁无产阶级带来和平、自由和友爱。”艾默生上校是移居国外的美国人，也谴责和平条款，称德意志有自决权。最后，艾伯特通过美国驻柏林的新闻代表向美国公开表示：“在此，通过新闻界代表直接向美国进行政治示威，标志着新的德意志在思想方面对遗留下来的旧国际政治体系宣战。”

从1919年5月8日到和平谈判结束，柏林民众几乎每天都在巴黎广场的美国军事代表团总部前示威。法国代表团和英国代表团没有受到干扰，而由于柏林民众自发的活动和德意志政府的宣传，美国代表团不断受到示威者的骚扰。毫无疑问，泛日耳曼主义者煽动柏林民众反对美国人。最后，柏林警察局局长告诫柏林民众，不要在协约国代表团面前进行任何形式的示威。然而，直到1919年5月30日，诺斯克同意进行反对和平条款的非法示威活动，政府才出面禁止示威活动，并下令严格监视室内所有会议。

早在1919年5月21日，独立社会民主党就在卢斯特花园举行了会议，支持《凡尔赛条约》的签署。阿道夫·霍夫曼、武尔姆和哈泽向激进的无产阶级发表演讲。哈泽对无产阶级喊道：“未来，《凡尔赛条约》不过是一张纸而已。”《自由报》写道：“与《布列斯特—里托夫斯克和约》相比，《凡尔赛条约》的条款非常温和。”考茨基说：“法国和英国不断提出相对温和的意见，最终将改变不公正的和平条款。”

独立社会民主党坚持认为，支持德意志战争政策的政党应该冷静审视协约国提出的条款，缔结和平。德军似乎赞成武装起来反对协约国，但独立社会民主党谴责德军总参谋部的计划是为反革命做准备。在反对和平条款的问题上，社会民主党和独立社会民主党之间爆发了激烈争论。在整个德意志，独立社会民主党支持自己政党的领导人，指出如果不签署《凡尔赛条约》，协约国将再次进行粮食封锁，德意志将不能进口原料、恢复经济生活，协约国将占领更多德意志领土，德意志俘虏将无限期关押于法国。柏林国民议会赞成签署《凡尔赛条约》。伯恩斯坦写道："国家必须客观研究协约国的和平条款。条款要求虽然对德意志打击很大，但都是有理由的。德意志必须赔偿战争期间因破坏、占领而造成的各类损失。德意志不应该出于民族主义而反对和平条款。"

德意志政府拒绝签署《凡尔赛条约》的强硬态度，不仅遭到了独立社会民主党的反对。资产阶级也赞成签署《凡尔赛条约》。《世界报》编辑冯·格拉赫谴责政府的消极抵抗计划。雷文特洛伯爵提醒德意志民众不要绝望，并认为由于协约国军事力量强大，布尔什维克起义是不可取的。德意志内阁一直拒绝接受和平条款，现在担心发展态势超出控制，因此，提出了全民公投计划。德意志各政党支持全民公投。伯恩斯坦也认为计划可行。施坦普费尔也在《前进报》发表提议，如果德意志政府拒绝签字，就举行全民公投。与此同时，《科隆报》谴责公投政策，并表示德意志政府必须承担责任。哈登称政府必须与协约国缔结和平，但希望修改部分条款，包括萨尔河谷相关内容、接纳德意志加入国际联盟，以及德意志在全权负责战后赔偿的赔偿委员会中发挥的作用。

在接受协约国和平条款之后的关键时期，德意志政府与苏维埃俄国保持着密切联系。发起布尔什维克革命可能会成为德意志逃避《凡尔赛条约》的途径之一，德意志对此进行了详细研究。国民议会上讨论了大规模革命可能带来的影响，和平委员会投票决定与苏维埃俄国恢复友好关系。

苏维埃俄国领导人准备与蔑视协约国的德意志的布尔什维克联手。苏维埃俄国外交部部长奇切林发表声明，谴责《凡尔赛条约》，并表达了苏维埃俄国对被奴役的德意志无产阶级的同情。《消息报》称《凡尔赛条约》是帝国主义贪婪和仇恨所支配的最残酷的条约。然而，布尔什维克的行动并不成功，因为德意志只是消极地逃避签署《凡尔赛条约》，而不是积极地对抗协约国。

在德意志代表带着《凡尔赛条约》的复印件抵达柏林后的几天内，德意志海军新闻部已经打印好条约，并向官员分发了数千份全文复印件。德意志各州也复印了条约内容。因此，整个德意志都了解了《凡尔赛条约》的完整内容。正是这种广泛宣传，以及官方、商界和知识分子阶层表现出的绝望，使德意志政府暂时接受了消极抵抗政策。德尔布吕克在1919年5月的《共济会报》上写道："没有希望，德意志就没有了活力。面对被解除武装、挨饿、死亡、生病，我们无能为力；此外，我们进行内部斗争，在应该工作时罢工。如果《凡尔赛条约》夺走德意志的领土，吞并阿尔萨斯，剥夺德意志的殖民地，那么即使德意志政府愿意签署，和平也不会长久，因为这样的和平不是自然而然的结果。如果德意志政府签署《凡尔赛条约》，起义者将推翻政府，建立布尔什维克主义。"

德意志内阁、国民议会的和平委员会、德意志和平谈判代表团主张不接受《凡尔赛条约》的同时，迅速高效地准备向协约国提出相应的修改条款。布鲁克多夫-兰曹与谢德曼、德恩堡[①]和埃茨贝格尔在斯帕举行会议后，于1919年5月28日向协约国提交了相应的修改条款，随后立即在全国发布。舆论认为这是最大限度的让步，但新闻界除了有少数例外，其他都支持这些修改条款。《德意志日报》抨击德意志政府在经济条款方面的让步，而《每日评论》指出，与协约国最初的要求一样，这些修改条款也不可接受。《法兰克福报》称，如果无法签署《凡尔赛条

① 即伯恩哈德·德恩堡（Bernhard Dernburg, 1865—1937），德国政治家、银行家。——译者注

约》，德意志联邦政府和几个州将统一意见，《前进报》主张拒绝和平条款，除非经过修改。

如今，德意志政府完全意识到独立社会民主党的态度正在破坏和平条款的签署。政府天真地试图利用沃尔夫通讯社来达到宣传目的，从而影响协约国和中立国的意见。尽管如此，协约国很清楚独立社会民主党的计划和德意志国内的实际情况。哈泽曾在1919年5月宣称独立社会民主党不会接管政府、签署条约，之后，诺斯克的警卫将独立社会民主党赶走，但哈泽在1919年6月宣布，如果协约国进攻德意志，独立社会民主党将组建政府并签署《凡尔赛条约》。独立社会民主党现在要求公布所有有关德意志战争罪行的官方文件，以及由德意志法庭审判罪犯的文件。《自由报》指出，拒绝签署《凡尔赛条约》将意味着德意志的解体、解散和毁灭。

与此同时，德意志国内反对签署《凡尔赛条约》的运动仍在继续。虽然激进派报纸指责反对党，认为反对党认可协约国入侵，但主要报纸敦促政府采取消极抵抗政策。德恩堡通过《日报》敦促政府拒绝和平条款。奎德[①]在《法兰克福报》上倡导消极抵抗政策，称德意志政府不应签署任何协议，不应支付任何费用，不应交付任何东西，应该宣布大罢工。最后，雷文特洛伯爵通过《德意志日报》提出应拒绝和平条款。

政府的政策是压制所有鼓动接受协约国和平条款的行动，但独立社会民主党的宣传阻止了政府的行动。艾伯特通过《德意志汇报》告诉全国，只能由国民议会和州议会签署《凡尔赛条约》，并且国民议会和州议会都支持政府拒绝协约国最初的和平条款。布鲁克多夫-兰曹表示，除非修改条款，否则应拒绝由协约国控制德意志。

① 即路德维希·奎德（Ludwig Quidde，1858—1941），德国著名历史学家、政治家。——译者注

直到1919年6月17日，德意志才知晓协约国的最终要求。协约国对最初的和平条款做了重要修改，并向德意志代表团提出条款时附加了说明，消除德意志代表团对协约国和相关国家的疑虑。协约国在附加说明中总结了自1914年以来对德意志的所有指控：谴责德意志政府纵容德军对比利时开战，对开放城市的空袭，以及无限制潜艇战。

协约国对德意志政府的消极抵抗做出有效回应：如果德意志拒绝接受和平条件，将决定重新对德意志实行封锁。1919年5月17日，在最高经济委员会会议上，协约国全面讨论了如果有必要，将重新对德意志实行封锁所采取的措施。与此同时，尽管还不确定德意志是否会签署条约，美国救济管理局依然继续向汉堡运送粮食。“德意志政府明确表示，四年来，协约国的封锁是失败的，德意志的粮食供应一直够用。”在和平谈判期间，德意志政府突然坚持说盟军的封锁造成了八十万德意志平民死亡。虽然这个官方数据很夸张，因为还有燃料短缺、衣物短缺和医疗条件匮乏等因素造成平民死亡，但毫无疑问，1919年春，协约国的再次封锁将使德意志人饿死。

第5节　接受协约国最后的条件

和平谈判的高潮并不是发生在凡尔赛的镜廊中，而是在魏玛的剧场中。布鲁克多夫-兰曹带着协约国的最后要求从巴黎回到了魏玛。谢德曼内阁曾把德意志的生死存亡押在争取协约国做出根本让步，现在却面临和平谈判的失败。德意志主要政党召开会议，支持内阁提出的沙文主义，但无法回避德意志民众要求和平的事实。内阁已开始同各政党进行谈判，但未能达成可接受的和平方案。柏林的《十字报》《地区日报》《每日评论》等三份报纸，以及社会民主党的《前进报》和德意志民主党的《日报》都要求拒绝和平条款。与此同时，《福斯报》称："签署《凡尔赛条约》至少意味着德意志可以保持统一，但拒绝意味着德意志将分裂，并面临持续的战争。现在不是寄希望于外国援助的时候。"

独立社会民主党在国民议会中指出，应接受协约国提出的《凡尔赛条约》。尽管遭到德意志民主党、德意志民族主义党和自由党的强烈反对，独立社会民主党的提议还是削弱了社会民主党和中央党反对签署《凡尔赛条约》的影响。通过指责保守派策划反革命，独立社会民主党获得了无产阶级的支持。1919年6月20日1时刚过，谢德曼内阁辞职。

一段时间以来公开的反对力量，粉碎了谢德曼提出的坚持不签署《凡尔赛协议》的冒险政策。无论是极右还是极左的党派都无法接管政府，因此，社会民主党和天主教党组成了一个没有德意志民主党参与的新内阁。过去被称为帝国敌人的两个政党控制了德意志。新内阁的计划与谢德曼政府的相同。内阁职务的任命如下：

部长主席（1919年8月14日称为总理），鲍尔；

外交部部长，赫尔曼·穆勒；

内政部部长，达维德；

财政部部长，埃茨贝格尔；

国库部部长，梅耶尔；

经济部部长，维塞尔；

食品部部长，施密特；

国防部部长，诺斯克；

邮政部部长，吉斯伯茨；

交通和殖民地部部长，贝尔。

魏玛政府和国民议会的工作欺骗了德意志人，掩盖了谢德曼内阁使国家陷入严峻形势的问题。内阁在任何时候都无法获得三个联盟政党的全力支持。在魏玛，德意志南部联邦州曾建议政府接受和平条款，而莱茵河地区因被协约国入侵或占领，谴责政府的消极抵抗政策。食品部部长施密特和经济部部长维塞尔都发表了主张签署《凡尔赛条约》的报告，大多数指挥将领都敦促政府接受协约国的条款。

1919年6月22日星期日下午，鲍尔向国民议会宣布："我谨以政府的名义，考虑到所有现有情况和条件，经国民议会批准，我们将签署《凡尔赛条约》……我们将以以下形式授权《凡尔赛条约》的签署，德意志共和国政府准备签署条约，但并未因此承认德意志民众是世界大战的发起者，并且不承担条约第二百二十七至二百三十条规定的任何责任。"舒尔茨-格罗伯提议："国民议会同意条约的签署。"然后由政党领导人讨论。最终以二百三十七票对一百三十八票通过签署《凡尔赛条约》的决议，有五名代表没有投票。对政府是否信任的投票以二百三十五票对八十九票通过，六十九名代表没有投票。

鲍尔政府随即向协约国发出声明，愿意签署条约，但有保留意见，主要针对德意志共和国对世界大战应负的责任及交出被指控违反陆地战和海战条款而占领的土地。协约国迅速拒绝了德意志的保留意见，表示德意志必须全部接受和平条款，或者直接拒绝。默克将军建议诺斯克宣布自己为德意志独裁者，并拒绝该条约。但1919年6月23日星期一下午，国民议会再次召开会议。最终，政府提议无条件接受条约。鲍尔说："现在只有短短四个小时，我们同意签署《凡尔赛条约》。即使我们拥有武器，我们也不能为新的战争负责。我们并没有为战争做任何准备。"然后，国民议会再次投票通过了授权政府签署条约的动议。德意志的和平攻势已经结束，只剩下条款、签字和批准手续。政府在对德军发布的声明中说："在国家最严峻的不幸时刻，德意志国民议会感谢德军为国家做出的自我牺牲。"

附有协约国最终条款的文件重申了世界大战爆发以来对德意志的所有指控，但被迫屈服的德意志民众已经不是1914年德意志强大时期好战的条顿人，而是饱受世界大战折磨和遭受饥饿的国家，并且饱受阶级斗争和内战的摧残。德意志共和国内部缺乏团结。德意志南部联邦州向德意志政府要求独立，莱茵邦联的构想再次被提出。格奥尔格·伯恩哈德、冯·格拉赫、哈登、伯恩斯坦和独立社会民主党迫使政府和多数政党接受协约国的和平条款。

1919年强加给德意志共和国的和平条款在欧洲历史上前所未有，这在很大程度上导致停战之后中欧的动乱。《凡尔赛条约》的修订不仅是维持中欧经济政治正常运行的需求，也是出于人道主义的考虑。协约国认为德意志应该确保能够赔偿法国和比利时的损失，这是公正的。然而，和平条款远远不止于此，实际上条款奴役了德意志人。赫尔曼·昂肯[①]总结德意志的观点，写道："对德意志来说，《凡尔赛条约》意味着压迫、掠夺和死亡。"

① 赫尔曼·昂肯（Hermann Oncken，1869—1945），德意志历史学家和政治作家。曾在慕尼黑大学和柏林大学等学校任教。1935年，因反对纳粹政权而被迫退休。——译者注

第10章

三

共和国宪法的通过

The Adoption of the Republican Constitution

第1节 临时宪法

德意志革命期间，宪法的变化反映了从帝国政府过渡到共和政府的历史。尽管新宪法的变化具有革命性，但它既没有改变德意志人的社会关系，也没有改变德意志的联邦性质。然而，作为德意志民族对共和政府的新解释，1919年宪法的基本理念引起了全世界民主国家的关注。

在德意志革命之前，德意志就已经呼吁宪法改革了。宪法改革是民主运动的结果。在与西方民主国家进行斗争的过程中，德意志民主运动得到了大部分德军和民众的支持。1918年10月，巴登亲王试图建立民主政府，并将宪法改革作为基本政策之一。巴登亲王的最后一项官方法令是宣布威廉二世退位，并召开制宪议会。1918年11月12日，人民委员会中的革命委员会颁布法令，告知德意志民众即将举行制宪议会，进行选举。面对召开制宪议会的要求，临时革命政府中，独立社会民主党领导人被迫放弃了推迟改革德意志基本法的计划。

1918年11月30日，人民委员会颁布法令，宣布选举日期为1919年2月16日，并制定了选举规则。内政部的普罗伊斯签署了该法令，他已经在准备临时宪法草案。草案中的重要规定包括：

> 采用比例代表制，德意志制宪议会的成员将通过普选、直接选举和无记名选举产生。
>
> 二十岁以上——1899年1月19日之前出生——的德意志男女有权参加选举。……士兵有权参与选举，并参加政治会议。在每个选举区，大约每十五万居民中选出一位代表。每个地区拟定登记表，公民仅在自己所登记的地区行使投票权。

1919年2月8日，在国民议会第三次会议上，普罗伊斯介绍临时宪法草案时说："'我们将为德意志所有民众制定宪法。要求制定宪法是经过国家授权同意的。德意志共和国是统一的国家，德意志民众的意志支配着国家；制定宪法的要求与本届会议的目标一致，是实现各州政府合作任务的一部分。尽管许多问题仍有疑虑，但毫无疑问，制定宪法是国家团结的要求，也是整个国家的要求。国家希望团结，也将会团结。'海因里希·冯·加格恩[①]在法兰克福圣保罗教堂为德意志第一次制宪议会致辞时说了这些话……当时，法兰克福国民议会的工作很大程度上因德意志各邦国的抵制而陷入困境。今天，革命已经消除了这种抵制。"普罗伊斯解释了临时宪法的重要规定之后，要求国民议会通过临时宪法，使新政府在德意志国内外都拥有合法权利。

在1919年2月10日举行的第一次重要宪法辩论中，大多数政党的领导人都支持临时宪法。巴伐利亚州的冯·普雷加博士以巴伐利亚州、符

① 海因里希·冯·加格恩（1799—1880），德意志政治家。德意志1848年革命期间，他参加了在法兰克福召开的国民议会，被选举为国民议会第一任主席，强烈支持德意志统一。——译者注

腾堡州和巴登州政府的名义宣布，临时宪法不应当被视为解决国家问题的最终方案。德意志民族主义党发言人冯·德尔布吕克说："我们认为，如果临时宪法迅速获得一致通过，那么敌对的各州对政府的信任度会大大提高。"独立社会民主党试图修改临时宪法，攻击执行秘密外交政策的规定，并拒绝删除宪法中"革命"和"共和国"等词汇。独立社会民主党甚至试图将审查国民议会工作的权力交由工人士兵委员会的中央委员会。独立社会民主党激烈地攻击临时宪法的第四条。根据该条规定，除非征得几个州的同意，否则不应改变几个州的领地。经过长时间的辩论，国民议会的大多数成员同意通过临时宪法，并一致同意议会主席达维德签署共和国的临时宪法。

临时宪法的重要条款包括：国民议会应为德意志制定永久宪法和其他紧急法令，但需要得到国家委员会的同意。该委员会应由拥有民主宪法的德意志各州政府的代表组成。各州应有一位代表，较大的州应每百万人一位代表。因此，普鲁士自由邦在德意志政府的五十八票总票数中拥有十九票。如果国民议会和国家委员会之间有冲突，德意志临时总统有权将相关问题提交德意志民众，并让民众投票。临时总统应由议会选举产生，在根据永久宪法的规定选出继任者之前担任总统职务。总统担任国家行政首长，任命对议会负责的内阁，领导国家政府。因此，人民委员会组成的临时政府将被内阁政府取代，内阁政府得到了制宪议会多数党的信任。

第2节　宪法问题

临时宪法通过后，德意志的几个州制定了基本法律，建立了民主政府的雏形。在很多州，除君主制被推翻外，政府形式几乎没有受德意志革命影响，而所有州的行政体制都没有改变。即使德意志帝国被推翻、德意志革命经历失败之后，各州之间的分歧和权力的相互冲突仍继续影响着德意志政治局势。与1848年一样，1919年的德意志各州并没有在政治方面实现德意志民族的统一。普鲁士自由邦选择了自治。

曾经的普鲁士王国对德意志革命时期的宪法改革有重要影响。如果德意志革命成功，未来民主德意志的发展将不再受俾斯麦和毛奇普鲁士保守传统的影响。1918年，十一月革命后，莱茵普鲁士天主教党和莱茵兰的一群势力强大的分裂主义者希望破坏由霍亨索伦家族在两个世纪的战火中建立的普鲁士的统一。这种分裂活动在法军占领的莱茵河地区普遍存在。从比利时边境到易北河，“柏林失落”一词广为流传。俾斯麦坚信，霍亨索伦家族拥有科隆和柯尼斯堡等不同城市，而如今许多德意志民众认为普鲁士与德意志宗教、政治和经济上的分歧将导致俾斯麦的铁血王国分裂。然而，令人惊讶的是，普鲁士自由州的大多数民众都决心维护统一。正是普鲁士的高效促使德意志的政治、文化和经济发展。普鲁士主义及其组织力量使欧洲强国震惊，组建的德意志帝国军队自拿破仑时代以来，第一次试图控制整个欧洲大陆。计划分裂普鲁士的革命主义者丝毫不考虑保守派、自由派甚至普鲁士民主派和社会主义者支持统一的立场。

尽管如此，几个月来，普鲁士的分治问题一直存在，但这个曾经军国主义盛行的州之后继续保留了以前的边界。德尔布吕克认为，普鲁士继续存在并不是必然结果，尽管他也承认分裂主义者反对普鲁士加入德意志联邦。雅各比知道在德意志，有必要摧毁普鲁士政权，但他赞成维持联邦制。奇怪的是，雅各比承认协约国对德意志的指控是真实的，他说：“直到1918年，德意志实际上只不过是普鲁士的延伸。”宾丁[①]教

① 即卡尔·宾丁（Karl Binding, 1841—1920），德国著名刑法学家。——译者注

授认为，必须停止德意志各州和普鲁士之间的对抗，临时宪法应该针对联邦政府。数千名普鲁士领导者发动革命，反倒使分裂普鲁士的所有希望破灭了。普鲁士仍然保留着俾斯麦曾经划分的边界。

在永久宪法草案完成之前，制宪议会需要进行半年的工作。制宪议会委员会、各州委员会、各党派和国家政府针对宪法草案进行了无数次讨论，进行了无数次妥协。总的来说，临时宪法制定者遵循民主社会的民主发展路线。为了维护国内和平，在学校和宗教问题上，临时宪法对天主教党做出了重要让步。临时宪法序言中写道："德意志民众团结一致，意志坚定，在自由和正义中恢复和加强德意志共和国的权力，维护国内外和平，促进社会进步，遵守本宪法。"临时宪法的第一主要部分涉及政府和各州、国民议会、国家总统、国家委员会、国家立法、国家行政、司法管理。第二主要部分为"德意志人的基本权利和义务"，包括个人权利、社区生活、宗教和宗教团体、教育和学校、经济生活等。

第3节　经济委员会制度

在临时宪法中，前帝国宪法的影响是显而易见的。事实上，宪法中许多条款基本都来自俾斯麦时期的宪法，其中几项条款完全一致。然而，临时宪法对政府管理提出了若干条重要的新规定。特别令人感兴趣的是有利于经济发展、规范商业和建立经济委员会制度的条款。根据《宪法》第一百五十六条："在不损害赔偿权的情况下，并在适当运用有关财产权的条例的情况下，在适应社会化的过程中，实现私营企业向公有制转变。"设立德意志国家经济委员会，未来的德意志议会和临时宪法共同为国民经济生活的革命性变革奠定基础。因此，临时宪法从法律上保障了德意志民众生产资料和分配资料社会化的可能性。《宪法》

第一百六十五条内容如下：

> 在工资和工作条件的规定及生产力整体提高方面，工人和雇员有资格与雇主平等合作。雇员和雇主各自成立组织，达成协议。
>
> 为了保护自己的社会利益和经济利益，工人和雇员在工人车间委员会、每个经济区的区工人委员会和全国工人委员会均享有合法权益。
>
> 区工人委员会及全国工人委员会与雇主代表、区经济委员会及国家经济委员会的其他有关人士团体举行会议，并执行制定的经济计划，配合执行社会化。根据自己在社会和经济方面的重要性，所有的工人组织都能在区经济委员会和国家经济委员会中有代表。
>
> 与社会、经济有关的重要法律草案提出前，应由国民政府提交国家经济委员会征求专家意见。国家经济委员会有权提出相应措施以推动法律颁布。如果政府不批准相关措施，国家经济委员会则应将相应措施与自己的立场声明提交国民议会。国民经济委员会可以派一位委员向国民议会提交议案。
>
> 在某些领域，工人委员会和经济委员会享有行政权力和行政职能。
>
> 国家规定工人委员会和经济委员会的组织和职能，以及与其他独立的社会机构之间的关系。

成立由三百二十六名成员组成的国家经济委员会，以消除社会主义和特权阶层之间的冲突。国家经济委员会的成立很有意义，它将德意志经济与政治区分开来，消除了政治因素对经济领域的影响。国家经济委员会的成立促使保守主义的形成，这种保守主义源自1918年德意志革命。国家经济委员会无疑将在德意志工商业的复兴中发挥重要作用。

第4节 妥协的结果

魏玛国民议会是有才智的爱国者重组支离破碎的国家的会议。与1871年在波尔多召开的法国国民议会相比，魏玛国民议会的影响更大。在德意志制宪议会半年的工作中，德意志民众认识到制宪议会拖延的做法与之前帝国议会的方式一样，因此，对制宪议会没有了热情。许多德意志民众认为，临时宪法的迅速通过表明了国民议会的实际能力和政治优势。然而，聚集在魏玛的爱国者表现出强烈的辩论欲望，只针对无关问题进行辩论，而不是重建国家政治、经济和社会生活。每个政治家的建设性意见都有助于国家复苏。国民议会花了数月的宝贵时间讨论了家庭和婚姻、贵族头衔和社会秩序、私生子法、死刑等问题，还围绕国旗问题进行了一场大型辩论。最后，1815年的耶拿大学学生联合会使用过的颜色，即在1848年革命中使用的黑色、红色和金色被选为德意志共和国国旗的颜色。

经过激烈的辩论，面对保守派、自由派和独立社会民主党的反对，1919年7月31日，魏玛宪法以二百六十二票对七十五票获得通过。随后，鲍尔代表政府宣布："女士们，先生们！由于你们投票，德意志共和国宪法已成为国家的最高法律。从现在起，自由国家真正形成，我们国家的组织形式将确立。新的时代开始了，愿它也是一个更好的时代。经历了近五年的血腥、仇恨和贫困之后，如今，我们重新开始。无论是何党派，也无论哪种人生观，我们都要团结在一起，共同建设新国家。

即使在这个庄严的时刻，我也不会试图掩盖民众的不团结。我们经历了战争与和平，分成不同派别。然而，即使我们愿意分开，也不能分开，因为和平条款像一条牢不可破的链条，把我们捆绑在一起。”

如果1919年8月9日，国民议会批准和平条款后休会，然后举行全国选举，德意志的政治生活将避开1920年的剧变。然而，国家财政和经济生活秩序尚未恢复。因此，国民议会没有休会，而是尝试进行不可能的改革。然而，尽管失败了，国民议会还是给德意志民族带来了和平，并制定了德意志共和国宪法。虽然辩论揭示出国民议会的许多努力都没有结果，并缺乏实际的政治意识，以及对国家弊病的漠不关心，但领导者毕竟怀着崇高理想和爱国主义精神。德意志政治改革之父普罗伊斯恰如其分地指出：“法律机制、政治自由和社会正义一直是魏玛宪法的主导思想。”

三

革命的后续

After the Revolution

在和平条款签署后的一年多，国民议会不停地开会。尽管议会的宪法工作影响重大，却一直受到《凡尔赛条约》的负面影响。新共和政体对现代政治理论有所贡献，取得了一项巨大的成就，即通过魏玛宪法的颁布确立了委员会制度的理念。斯巴达克同盟和独立社会民主党可以继续通过委员会，对民主共和国进行革命攻击。

与此同时，保守派和自由派继续谴责十一月革命，既没有停止其反民主的宣传，旨在恢复君主政体。德意志民众并不想举起斯巴达克同盟一月起义的红旗，也不愿举起德意志帝国的黑白红三色旗来对抗德意志共和国的黑红金三色旗。

经济崩溃、社会动荡、民众对和平条件的不满都有利于反革命的发展。君主主义者在政府官员、军官、农场主群体中拥有得力的领袖和宣传者，同时拥有高效的舆论喉舌、雄厚的政党资金、忠诚的支持者，他们暗中谋划推翻共和国。黑尔费里希[①]攻击财政部部长埃茨贝格尔，使政府名誉扫地。国民议会、普鲁士议会未能完成其指定工作就休会，使

① 即卡尔·黑尔费里希（Karl Helfferich，1872—1924），德国政治家、经济学家和财政专家。——译者注

德意志民众非常不满。很多军官和保守派认为，为了国家应该推翻由社会民主党、天主教党和德意志民主党组成的联合政府。国防部部长诺斯克完全不知道下属的密谋。1920年春的卡普政变[①]是德意志军国主义者和保皇派第一次努力恢复对国家的控制权，他们的成功将使德意志被反对党控制。卡普政变阻止了使工业合理社会化的尝试，标志着政治革命时代的开始。卡普政变的失败说明保皇派实力不足，但在共和国未来历史上的每次危机中，都会出现忠于帝国的保皇派。

在大罢工和德意志民众的支持下，艾伯特政府在五天内镇压了卡普政变。对德意志来说，不幸的是，继君主主义者之后，共产主义派在各个城市崛起。毫无疑问，政府在处理反动阴谋时有所疏忽。工人罢工和共产主义起义、向中立区派遣军队，导致协约国对德意志再次施压，并导致法国帝国主义崛起。在赫尔曼·穆勒的领导下，德意志共和国成立了新内阁，与协约国再次谈判，并镇压了共产主义者，并进行了国民议会选举。

1919年6月，德意志革命以来的第二次全国选举开始了。此次选举没有出现严重的混乱局面。社会民主党选出了一百一十名代表，失去了五十五个席位。中央党选出了八十八名代表，只失去了两个席位。作为魏玛政府的第三大党，德意志民主党在失去三十个席位的情况下，被彻底击败，最终只拥有四十五个席位。德意志人民党选出了六十一名代表，增加了三十九个席位；而前保守派德意志民族主义党选出了六十五名代表，增加了二十三个席位。独立社会民主党的席位增加得最多，选

① 卡普政变，又称“卡普—吕特维茨政变”，是一场试图推翻德意志共和国的政变。1920年2月，根据《凡尔赛条约》，国防部部长诺斯克要求解散吕特维茨领导的爱尔哈特旅。吕特维茨是反共产、反共和的守旧保皇派，坚决反对魏玛政府的决定，进行武装反抗，建立新政府，并推举卡普为新政府总理。最终，由于各地的德军仍宣布支持魏玛政府，卡普政变失败。——译者注

出了八十名议员，增加了五十八个席位。德意志共产党只获得两个席位，其他小党派共有九个席位。

第二次全国选举是德意志极端分子的胜利。德意志民族主义党和德意志人民党的胜利表明德意志的保守派和自由派力量仍很强大。德意志正在恢复实力，可能成为欧洲和平的威胁。与此同时，独立社会民主党的崛起证明了马克思主义的生命力，也表明德意志一部分工人阶级对政府未能实施社会化革命计划的不满。然而，极端分子的加入使独立社会民主党壮大，预示着独立社会民主党可能会分裂。独立社会民主党原本是反对社会民主党民主和战争政策的政党，但在胜利的时刻发现自己对俄国布尔什维主义的态度并不明确，并因1917年与社会民主党不和而阻碍了自身发展。

社会民主党虽然仍是国民议会中的最大政党，但拒绝在没有独立社会民主党的支持下组成联合政府，而独立社会民主党拒绝了与资产阶级联合的邀请。在天主教政治家费伦巴赫的领导下，中央党、德意志人民党和德意志民主党组成了联盟。随着德意志内阁的成立，国家进入了共和议会政府的时代。德意志人在民主自治方面的伟大尝试已经开始，这个经常夸耀自己文化的国家能否达到西欧民主国家在19世纪达到的政治发展水平，还有待观察。

很明显，只有能力非凡的领导人和重要事件才能把德意志共产主义者团结在苏维埃社会主义的旗帜下，从而成为威胁德意志民主的力量。1920年夏，偶然的重要事件发生了。当时，布尔什维克入侵波兰，似乎预示着列宁和托洛茨基的胜利。莱茵省到东普鲁士的德意志共产主义者都欢迎苏维埃俄国军队向德意志边境挺进，履行苏维埃俄国帮助德意志建立苏维埃社会主义政权的承诺。德意志共产主义者强烈反对协约国将战争物资经由德意志转运到波兰。一系列罢工、示威和起义表明社会民主党，甚至资产阶级的某些阶层，都赞成对苏维埃社会主义实行温和的中立政策。为了管理铁路工人而组成的工人委员会威胁费伦巴赫联合政府，如果不同意它的要求就将起义。无产阶级对资产阶级政府产生了严重威胁，资产阶级保守派在今后的斗争中开始团结。许多德意志民众认为巴伐利亚国民警卫队，是唯一能阻止布尔什维克胜利的德意志军队。

1917年，俄国临时政府、工人士兵委员会之间的对抗与1920年德意志政府、共产主义之间的对抗，惊人的相似。1917年，俄国社会民主工党准备接受苏维埃社会主义，与德意志独立社会民主党大多数成员接受共产主义非常相似。

在哈雷举行的独立社会民主党代表大会清楚地揭示了德意志革命之后，德意志共产主义具备一定力量。会议召开前，苏维埃俄国向德意志独立社会民主党提出最后的要求，要求独立社会民主党必须接受列宁在共产国际第二次代表大会上提出的“二十一条”[①]。这导致独立社会民主党内部发生了激烈斗争。迪特曼、考茨基和其他领导人拒绝加入布尔什维克，德意志主要工业城市的很多独立社会民主党成员也随之拒绝加入布尔什维克。在科布伦茨，美国军事当局做出了明智决定，拒绝独立社会民主党加入莫斯科的共产国际。然而，多伊米希与霍夫曼支持布尔什维克。列宁通过《红旗报》谴责对手迪特曼时说：“考茨基、迪特曼和克里斯平[②]不满布尔什维克是正常的；事实上，如果布尔什维克使这些人满意，那将是一种遗憾。在无产阶级和资产阶级的决定性斗争中，资

① 二十一条，指在共产国际第二次代表大会上，由列宁提出的加入共产国际的二十一项条件。主要包括参加共产国际必须系统地宣传共产国际的纲领和无产阶级专政的学说，支持殖民地半殖民地人民的解放斗争，反对改良主义等。——译者注

② 即阿图尔·克里斯平（Arthur Crispien，1875—1946），德国社会民主党领导人。——译者注

产阶级的民主派和我们的孟什维克派[1]没什么区别，他们对布尔什维克的不满是很正常的。这些指责似乎引起了迪特曼的愤慨。革命工人处死少数派孟什维克是理所当然的事，迪特曼当然不满意。”

苏维埃俄国布尔什维克再次恳求斯巴达克同盟宣布暴力革命是在全世界范围内进行革命的唯一途径。托洛茨基写信给同情他的德意志民众：“我们将手握武器；我们会武装其他人。”在1920年8月共产国际召开的最后一次会议上，塞维耶夫宣布：“我确信共产国际第二次代表大会将使全世界认识苏维埃共和国。”

布尔什维克宣传的结果是，独立社会民主党明显分裂成了民主派别和共产主义派别。共产主义派别与斯巴达克同盟的继承者和共产主义劳工党有直接联系。在与社会民主党进行了两年的斗争后，德意志共产党终于有了组织和机构。在德意志共和国成立后的第二年，由卡尔·李卜克内西和罗莎·卢森堡领导的斯巴达克同盟组成了德意志共产党，旨在与苏维埃俄国的布尔什维克结盟，建立苏维埃制度，向德意志民众提出通过世界革命来摆脱《凡尔赛条约》规定的国际义务。然而，组织松散的德意志民主力量及训练有素的保守派和君主主义者反对共产主义，经过两年时间，反对共产主义的联合力量消除了共产主义对德意志的影响。

与此同时，德意志共和国虽然不断努力促使协约国修改《凡尔赛条约》，但同时尽可能地执行条约规定。德意志革命爆发两年后，德意志外交部部长西蒙说：“拯救德意志的不是复仇或偏见的政策，而是正义的政策。”然而，德意志实行的财政措施无法满足赔偿法国的需要；赔款问题仍然是德意志和协约国之间的主要难题。

德意志是位于欧洲腹地、摆脱了军国主义威胁、拥有六千万人口的

① 孟什维克派，指资产阶级改良派。在1903年7月到8月召开的俄国社会民主工党第二次代表大会期间，孟什维克派与列宁领导的布尔什维克在制定党章时出现严重分歧。——译者注

伟大的文明国家，尽管欠下赔款，但一定会从世界大战的影响中恢复，并再次在世界大国中占据更有利的地位。德意志历史学家迈内克在书中写道："德意志革命结束后，最重要的任务是最终实现一个世纪前德意志理想主义者和普鲁士改革者的愿望，使社会最底层的民众也能感受到源于思想自由的公民道德。"

参考文献[①]

埃米尔·阿布德哈尔登，《德意志民主党及其首要任务》，萨勒河畔的 哈勒，1919年，第23页。

库尔特·阿纳特，《德国革命的进程与战争的结束》，纽伦堡，1918年，第240页。

冯·阿尔特罗克中将，《德意志帝国的衰落》，柏林，1919年，第55页。

美国救济管理局，《公报》第一号至第二十二号，1919年3月17日至1919年8月15日。

美国救济管理局，《特别统计公报》第一号至第四号，1919年5月27日至1919年8月12日。

美国救济管理局，《每周政治形势总结》第一号至第十四号机密，

① 该部分为原著的参考文献。——译者注

1919年3月12日至1919年7月1日。

A.安特罗波夫，《亚洲的布尔什维克主义：德意志与欧洲的末日》，柏林，1919年，第10页。

德意志外帝国交部，《国外新闻部周报》，1917年至1918年。

W.巴尔克中将，《世界大战中的战术发展》，柏林，1920年，第336页。

马克斯·班贝格尔，《民主制度》，马尔堡，1919年，第22页。

埃尔温·巴尔特，《失业问题与就业困境》，柏林，1919年，第40页。

奥伯斯特·鲍尔，《荒野之上与家园之内的大战》，图宾根，1921年，第323页。

奥伯斯特·鲍尔，《我们能够避免、赢得或中止战争吗？》，柏林，1919年，第70页。

奥托·鲍姆加滕，《德意志帝国崩溃的罪责》，图宾根，1919年，第36页。

奥托·贝克尔，《德意志的崩溃与复兴》，柏林，1921年，第120页。

《收成运输及其他经济性质法律法规的年度公告》，1915年至1918年，柏林。

马丁·贝克尔，《德意志对阿尔萨斯—洛林统治灭亡的原因》，布赖斯高地区的弗赖堡，1919年，第35页。

路德维希·伯格斯特拉瑟教授，《政党的历史》，曼海姆，1921年，第148页。

《德意志人民党第一次代表大会报告》，柏林，1919年，第115页。

《柏林日报》，柏林，1914年至1921年。

《柏林午间报》，柏林，1919年3月至8月。

爱德华·伯恩斯坦，《德国革命》，柏林，1921年，第198页。

约翰-海因里希·伯恩斯托夫伯爵，《德国和美国》，柏林，1920年，第414页。

《共产国际馆藏》第一部，汉堡，1920年，第379页。

海因里希·宾德尔，《德皇的罪责》，慕尼黑，1918年，第47页。

海因里希·宾德尔，《作为战地记者我们不能说的话》，慕尼黑，

1919年，第63页。

卡尔·宾丁，《德意志帝国的法制变革》，莱比锡，第50页。

威廉·伯尔克，《德意志新国防军》，柏林，1919年，第36页。

弗里德里希·埃德伦·布劳恩，《德意志帝国能否被饥饿打败？》，慕尼黑，1915年。第75页。

退役上尉W.布伦纳博士，《但泽革命日》，但泽，1918年，第27页。

埃伯哈德·布赫纳，《革命文献》第一部，柏林，1921年，第400页。

马克斯·科恩-罗伊斯，《德意志建设和委员会的理念》，柏林，1919年，第19页。

卡尔·科恩，《国内外经济的未来》，汉堡，1919年，第11页。

恩斯特·多伊米希，《委员会制度》，柏林，第37页。

爱德华·大卫，《我们在进行征服战争吗？》，柏林，1915年，第20页。

《德意志——布尔什维克密谋》，柏林，第16页。

《德意志历史年鉴》，第一册《德德国革命》，第151页；第二册

《革命的进一步发展》，莱比锡，1919年。

德意志军官联盟，《文集（德意志军官联盟文集）》，第一册《时间和争议问题》，奥尔登堡，1919年。

《德意志帝国——国家公报》，柏林，1918年。

《德意志日报》，柏林，1919年3月至8月。

德意志祖国党，《首次政党公开集会上关于德意志目标的演讲》（1917年9月24日），柏林，1917年。

戈特洛布·艾格尔哈夫，《德意志人对世界大战的思考》，莱比锡，第32页。

戈特洛布·艾格尔哈夫，《1918年历史政治年鉴》，斯图加特，1919年，第222页。

库尔特·艾斯纳，《罪与赎》，柏林，1919年，第31页。

保罗·埃尔茨巴赫，《布尔什维克主义和德意志的未来》，耶拿，1919年，第48页。

路德维希·埃哈特，《这场和平不是布列斯特—里托夫斯克条约！》，柏林，1919年，第15页。

德意志德国前财政大臣M.埃茨贝格尔，《世界大战的经历》，斯图加特，1920年，第428页。

M. 埃茨贝格尔，《国际联盟》，柏林，1918年，第196页。

鲁道夫·欧肯，《我们还有什么？》，莱比锡，1919年，第29页。

鲁道夫·欧肯，《德意志的自由》，莱比锡，1919年，第36页。

马丁·法斯本德，《革命与文化》，柏林，1919年，第29页。

阿图尔·法伊勒，《对委员会的呼声》，美因河畔的法兰克福，1919年，第34页。

海因茨·芬纳，《苏维埃共和国的专制者》，柏林，1919年，第18页。

威廉·弗尔斯特教授，《对德意志战争的评估》，柏林，1919年，第21页。

冯·福斯特纳男爵，《海军叛乱》，柏林，1919年，第31页。

M.福斯，《关于崩溃的披露》，萨勒河畔的哈勒，1919年，第103页。

《法兰克福报》，美因河畔的法兰克福，1914年至1919年。

《女士们！学会投票！德意志知名士人提出的德意志妇女选举权口号集》，莱比锡，第62页。

《自由报》，柏林，1919年。

海因里希·弗伦策尔，《布尔什维克和我们！》，柏林，1918年，第63页。

冯·弗赖塔格-洛林霍芬男爵，《布尔什维主义的历史与本质》，布雷斯劳，1918年，第41页。

冯·弗赖塔格-洛林霍芬男爵，《世界大战中的军事指挥》第一卷，柏林，1920年，第200页。

冯·弗赖塔格-洛林霍芬男爵，《政治与战争》，柏林，1918年，第252页。

冯·弗赖塔格—洛林霍芬男爵，《我们应该感谢军官什么？》，柏林，1919年，第93页。

弗里德兰德教授，《威廉二世：一项政治心理学研究》，萨勒河畔哈勒，1919年，第56页。

保罗·弗洛里希，《通向社会主义的道路》，汉堡，1919年，第32页。

《布尔什维克主义和反布尔什维克主义文献指南》，柏林，1919年，第24页。

格马尼库斯，《11月9日！一本政治画册》，莱比锡，1921年，第79页。

马克斯·格斯特尔议员，《慕尼黑委员会共和国》，慕尼黑，1919年，第135页。

库尔特·盖尔，《社会主义和委员会制度》，莱比锡，1919年，第32页。

卡尔·吉塞克博士，《前线以内的战斗》，莱比锡，1918年，第68页。

瓦尔特·格茨，《德意志民主》，莱比锡，第66页。

冯·德·戈尔茨伯爵将军，《我在芬兰和波罗的海地区的使命》，莱比锡，1920年，第312页。

格奥尔格·戈泰因，《我们为什么战败？》，斯图加特，1919年，第94页。

弗里茨·格罗斯曼，《我们欠德皇什么？》，汉诺威，1918年，第24页。

E.J.贡贝尔，《四年的谎言》，柏林，1919年，第32页。

莫里茨·古斯塔夫，《资产阶级反革命纲领》，莱比锡，1919年，第40页。

胡戈·哈泽，《帝国议会反对德意志战争政策的演讲》，柏林，第206页。

彼得·哈格瑙，《为威廉二世说句话》，柏林，1919年，第16页。

《1917年德意志报刊手册》，战争新闻办公室奥斯卡·米歇尔编写，第440页。

莱奥·哈拉尔德，《斯巴达克同盟是谁？》，《时代先锋》第三期，斯图加特，1919年，第8页。

卡尔·哈尔茨，《革命作为教育者和拯救者》，阿尔托纳—奥滕森，1919年，第82页。

布鲁诺·海涅曼，《社会化的目标和危险》，柏林，1919年，第23页。

卡尔·赫尔费里希，《和平条件》，柏林，1919年，第50页。

卡尔·赫尔费里希，《世界大战》，第三卷，柏林，1919年，第658页。

卡尔·冯·赫特林伯爵（上尉），《帝国总理府的一年》，弗赖堡，1919年，第192页。

维兰德·黑茨费尔德，《3月7日至20日在柏林秩序维持部队的保护性拘留经历》，柏林，1919年，第16页。

特奥多尔·霍伊斯，《德意志的未来》，斯图加特，1919年，第23页。

路德维希·海德，《社会政策概论》，莱比锡，1920年，第168页。

卡尔·希尔德布兰德，沃尔夫冈·海涅，《两次演讲》，斯图加特，1919年，第44页。

冯·兴登堡元帅，《我的一生》，莱比锡，1920年，第406页。

马克斯·希尔施贝格，《布尔什维克主义》，慕尼黑，1919年，第107页。

保罗·冯·亨斯布勒希伯爵，《威廉二世退位和逃亡》，柏林，1919年，第64页。

保罗·冯·恩斯布勒克伯爵，《重返君主制！》，柏林，1919年，第56页。

斐迪南·霍夫，《如临深渊！》，柏林，1919年，第361页。

R.F.霍夫曼，《社会主义还是资本主义》，萨勒河畔的哈勒，1919年，第15页。

维利·霍佩，《阿尔萨斯—洛林》，柏林，32页，无年份。

鲁道夫·许布纳，《德意志的未来对新宪法有何要求？》，萨勒河畔哈勒，1919年，第24页。

奥伯斯特·伊曼纽尔，《世界大战中的成败》，柏林，1919年，274页。

埃尔温·雅各比，《集权制还是联邦制》，莱比锡，1919年，第39页。

威廉·扬松，《工人利益与战争结果》，柏林，1915年，第167页。

赫尔曼·约尔丹，《民主与德意志未来》，柏林，1918年，第80页。

赫尔曼·坎托罗维奇教授，《德军中军官们的仇恨》，弗赖堡，1919年，第50页。

卡尔·考茨基，《无产阶级专政》，维也纳，1918年，第63页。

卡尔·考茨基，《社会民主党对过渡经济的评论》，莱比锡，1918年，第166页。

卡尔·考茨基，《威尔逊政治的根源》，柏林，1919年，第40页。

卡尔·考茨基，《国际主义与战争》，柏林，1915年，第40页。

维尔纳·考奇，《从帝国主义到布尔什维克主义》，柏林，1919年，第188页。

威廉·凯尔，《摆脱财政危机》，柏林，1919年，第22页。

弗朗茨·克莱因斯克罗德博士，《威廉二世的精神病？》，韦里斯霍芬，1919年，第31页。

埃里克·克勒尔，《布尔什维克主义的真面目》，柏林，第20页。

波格丹·克里格，《所谓德皇退位和逃亡的真相》，柏林，1919年，第13页。

《战争法——法令和通告全集》全六卷，柏林，1919年。

H.冯·库尔将军，《世界大战战前和战中的德军总参谋部》，柏林，1920年，第218页。

卡尔·孔普曼，《革命的意义》，蒂宾根，1919年，第66页。

卡尔·孔普曼，《社会问题的最新进展》，蒂宾根，1919年，第66页。

德军总参谋部，《对世界大战的批判》，莱比锡，1920年，第150页。

埃里克·库特纳，《德国革命》，柏林，1918年，第16页。

埃里克·库特纳，《从基尔到柏林》，柏林，1918年，第30页。

瓦尔特·兰巴赫，《崩溃的原因》，汉堡，第112页。

卡尔·兰普雷希特，《德皇：性格描述的尝试（第二版）》，柏林，1916年，第136页。

马克斯·劳贝，《政党的真实面目》，柏林，1919年，第30页。

海因里希·劳芬贝格博士，《汉堡革命》，汉堡，1919年，第32页。

埃米尔·莱德雷尔，《关于革命社会学的一些思考》，莱比锡，1918年，第40页。

卡尔·莱吉恩，《工会领袖为什么必须更多地参与政党活动》，柏林，1915年，第20页。

奥托·莱曼-鲁斯比尔特，《为什么在西线崩溃？》，柏林，1919年，第28页。

E.莱迪希，《自由主义和民主》，柏林，1919年，第14页。

列宁，《国家与革命》，柏林，1919年，第102页。

保罗·伦施，《严重危机中的德意志社会民主党》，汉堡，

1916年，第31页。

保罗·伦施，《德意志社会民主党和世界大战》，柏林，1915年，第64页。

保罗·伦施，《德意志社会民主党的结局》，柏林，1919年，第38页。

伦图卢斯，《斯巴达克同盟是谁？》，斯图加特，1919年，第8页。

冯·莱尔希少将，《对德意志西线最后几场战役的批判性思考》，维也纳，1919年，第11页。

汉斯·V.利比希教授，《对德意志人民的欺骗》，慕尼黑，1919年，第228页。

阿图尔·冯·勒贝尔，《从德意志废墟中来》，柏林，1919年，第31页。

埃里克·鲁登道夫，《和平与停战提议》，柏林，1919年，第80页。

埃里克·鲁登道夫，《战争回忆录（1914年至1918年）》，柏林，1920年，第628页。

埃里克·鲁登道夫，《德军最高统帅部军事活动文件（1916年至1918年）》，柏林，1920年，第713页。

默克少将，《从帝国军队到国防军》，莱比锡，1921年，第220页。

阿尔弗雷德·马内斯，《国家破产》，柏林，1919年，第275页。

德意志停战委员会，《停战谈判相关材料》第八部分，夏洛滕堡，1920年，第370页。

弗里德里希·迈内克，《革命之后》，慕尼黑，1919年，第144页。

E.门克-格吕克特，《1918年十一月革命》，莱比锡，1919年，第147页。

《军事周刊》。1914年至1919年，柏林。

卡尔·莫克尔，《资产阶级和德国革命》，莱比锡，第72页。

保罗·莫尔登豪尔，《从革命到国民议会》，波恩，1919年，第20页。

奥托·冯·莫泽中将，《1914年至1918年世界大战战略概述》，柏林，1921年，第74页。

库尔特·米斯姆博士，《我们是如何被欺骗的》，慕尼黑，1918年，第189页。

卡尔·冯·米勒少校，《被蛊惑的德意志人》，柏林，1919年，第12页。

奥斯卡·米勒，《我们为什么必须去凡尔赛？》，柏林，1919年，第72页。

米勒-勃兰登堡，《新国家的军队》，柏林，1919年，第19页。

国民议会，（议事录）第一号至第一三零三号，1919年2月至10月。

弗里德里希·瑙曼，《国民议会中的民主》，柏林，1919年，第16页。

弗里德里希·瑙曼，《民主作为国家基础》，柏林，1919年，第16页。

弗里德里希·瑙曼，《中欧》，柏林，1915年，第299页。

《新帝国》第一期、第二期，柏林，1919年。

奥托·诺伊拉特，《萨克森的社会化》，开姆尼茨，1919年，第103页。

W.尼古拉中校，《世界大战中的新闻媒体和民意》，柏林，1920年，第200页。

古斯塔夫·诺斯克，《从基尔到卡普》，柏林，1920年，第211页。

卡尔·弗里德里希·诺瓦克，《中欧强国的衰落》，慕尼黑，1921年。

卡尔·弗里德里希·诺瓦克，《通往灾难之路》，柏林，1919年，第299页。

瓦尔特·厄梅，《我的目标是世界革命》，柏林，1919年，第32页。

赫尔曼·翁肯，《新旧中欧》，哥达，1917年，第150页。

赫尔曼·翁肯，《世界历史和凡尔赛和平》，美因河畔的法兰克福，1921年，第27页。

L.佩尔西斯，《“事情是如何发生的”》，柏林，15页。

海因里希·佩施，《社会重建》，布赖斯高地区弗赖堡，1919年，第24页。

海因里希·佩施，《社会化》，布赖斯高地区弗赖堡，1919年，第32页。

《海报、德意志帝国的战争和革命》第一号至第两千三百号，1914年至1919年。

马亨德拉·普拉塔普，《德意志在大国中的未来》，柏林，1919年，第20页。

《普鲁士年鉴》，柏林，1919年1月至1921年3月。

费利斯·拉赫法尔，《普鲁士和德意志》，蒂宾根，1919年，第46页。

卡尔·拉德克，《在德国革命队伍中（1909年至1919年）》，慕尼黑，1921年，第463页。

卡尔·拉德克，《罗莎·卢森堡、卡尔·李卜克内西、利奥·约吉希斯》，汉堡，1921年，第48页。

瓦尔特·拉特瑙，《德皇》，柏林，1919年，第60页。

瓦尔特·拉特瑙，《三重革命批判》，柏林，1919年，第125页。

瓦尔特·拉特瑙，《洪水之后》，柏林，1919年，第72页。

《革命——藏书》第三期，《德意志共产党（斯巴达克同盟）纲领》。

《帝国1919年法令汇编》第一号至第一百五十三号，柏林，1919年。

卡尔·罗什，《有组织的直接行动》，柏林，第12页。

海因里希·罗森菲尔德，《威尔逊和奥地利》，维也纳，1919年，第140页。

《西线的撤退》，柏林，1919年，第32页。

约翰·迪德里希·伦普，《霍亨索伦家族的追随者保罗·冯·亨斯布勒希伯爵》，莱比锡，1919年，第110页。

斐迪南·伦克尔，《德国革命》，莱比锡，1919年，第232页。

迪特里希·舍费尔，《战争（1914年至1919年）》全三卷，莱比锡，1920年。

迪特里希·舍费尔，《战争的罪责》，奥尔登堡，1919年，第59页。

谢尔上将，《世界大战中的德意志深海舰队》，柏林，1919年，第524页。

菲利普·谢德曼，《崩溃》，柏林，1921年，第250页。

菲利普·谢德曼，《和平万岁！》，柏林，1916年，第32页。

保罗·席曼，《欧洲的亚洲化》，柏林，1919年，第19页。

《1914年至1918年之间的战争和重要战役》，官方文献，德军总参谋部编写，柏林，1919年，第560页。

恺撒·冯·席林，《布尔什维克的帝国主义》，柏林，1919年，第13页。

弗朗茨·奥古斯特·施米特博士，《巴伐利亚第二次革命时期》，慕尼黑，1919年，第71页。

瓦尔特·许金，《国际法律保障》，汉堡，1919年，第134页。

瓦尔特·许金，海伦妮·施特克，伊丽莎白·罗滕，《通往法律的和平》，柏林，1919年，第20页。

阿洛伊斯·舒尔特，《法兰西和莱茵河左岸》，斯图加特，1918年，第364页。

M.施瓦特中将，《世界大战的军事教训》，柏林，1920年，第489页。

汉斯·索查切韦尔，《资产阶级和布尔什维克主义》，柏林，1919年，第16页。

W.H.佐尔夫，《殖民政策》，柏林，1919年，第99页。

W.H.佐尔夫，《德意志恢复其殖民地的权利》，柏林，1919年，第43页。

《社会民主党和国防》，柏林，1916年，第30页。

威廉·施皮克纳格尔博士，《鲁登道夫》，柏林，1919年，第142页。

E.施泰特勒，《布尔什维克主义及其发展》，柏林，1919年，第19页。

E.施泰特勒，《通向世界和平的唯一途径》，柏林，1919年，第59页。

E.施泰特勒，《斯巴达克同盟被击败了吗？》，柏林，1919年，第20页。

奥托·施特林，《兴登堡》，慕尼黑，1918年，第35页。

弗朗茨·施陶丁格，《盈利经济或供应经济》，柏林，1919年，第32页。

赫尔曼·施特格曼，《战争的历史》第四卷，斯图加特，1921年。

战争大臣施泰因将军，《世界大战期间的经历和思考》，莱比锡，1919年。

格奥尔格·施泰因豪森教授，《战争和总参谋部的基本错误》，哥达，1919年，第42页。

格奥尔格·施泰因豪森教授，《祖国的罪责》，柏林，1919年，第79页。

H.施泰因迈尔，《新德意志》，不伦瑞克，1919年，第20页。

古斯塔夫·施特雷泽曼，《德意志人民党的政策》，柏林，1919年，第26页。

海因里希·施特勒贝尔，《社会化》，柏林，1921年，第236页。

爱德华·苏科瓦蒂，《关于德意志未来的两个问题》，格拉茨，31页。

《每日评论》，柏林，1919年。

W.塔费尔，《强制劳动与自愿劳动》，哥达，1919年，第40页。

保罗·特斯多夫博士，《威廉二世的疾病》，慕尼黑，1919年，第31页。

阿尔弗雷德·冯·蒂尔皮茨，《回忆录》，莱比锡，1919年，第532页。

海因里希·特里佩尔教授，《大德意志还是小德意志》，柏林，1919年，第30页。

莱奥·托洛茨基，《工作、纪律和秩序将拯救社会主义苏维埃共和国》，柏林，1919年，第23页。

法伊特·瓦伦丁，《德意志外交政策（1890年至1918年）》，柏林，1921年，第418页。

阿尔弗雷德·费尔德罗斯，《大德意志中的德意志—奥地利》，斯图加特，1919年，第32页。

《帝国议会议事录》，1914年8月4日至1918年10月26日。

卡尔·费特尔，《西线的崩溃》，柏林，1919年，第25页。

齐格弗里德·福尔克曼，恩斯特·伯特格，《1918年11月30日人民代表委员会选举规则》，柏林，1919年，第73页。

齐格弗里德·福尔克曼，恩斯特·伯特格，《1918年11月12日人民代表委员会条例》，柏林，1919年，第65页。

《停战史》，柏林，1919年，第186页。

《前进报》，柏林，1914年至1919年。

《福斯报》，柏林，1914年至1919年。

《真相》，冯·T.豪普特曼和F.豪普特曼教授合作出版的十五本宣传册，波恩，1919年。

英国信息部战争信息图书馆藏书，德语著作合集，1914年至1918年。

马克斯·韦伯，《社会主义》，维也纳，1918年，第36页。

《周一世界报》，柏林，1919年。

温茨勒，《新比利时》，埃森，1918年，第20页。

弗里茨·沃尔夫海姆，《奴役还是世界革命》，汉堡，第16页。

恩斯特·沃尔措根,《必须说出的激烈言辞》,莱比锡,1919年,第24页。

恩斯特·冯·弗里斯贝格少将,《军队和祖国(1914年至1918年)》,莱比锡,1921年,第150页。

恩斯特·冯·弗里斯贝格少将,《通往革命之路(1914年至1918年)》,莱比锡,1921年,第120页。

埃尔温·武尔夫,《威廉二世的个人罪责》,德累斯顿,1919年,第48页。

《外交事务办公室对美国新闻报纸的控制》,1917年每周报告。

博多·齐默尔曼,《崩溃》,柏林,1919年,第45页。

恩斯特·齐特尔曼,《和平条约中比利时的命运》,慕尼黑,1917年,第97页。

汉斯·冯·茨韦尔将军,《匕首刺向胜利军队的背后》,柏林,1921年,第27页。

汉斯·冯·茨韦尔将军,《1918年夏季西线战役》,柏林,1921年。

译名对照表

Adalbert von Falk	阿达尔贝特·冯·法尔克
Adolf Hoffmann	阿道夫·霍夫曼
Aisne	埃纳河
Alfred Fried	阿尔弗雷德·弗里德
All-Russian Central Council	全俄罗斯中央委员会
Alsace-Lorraine	阿尔萨斯—洛林
Alsatians	阿尔萨斯人
Amberg	安伯格
American Military Mission	美国军事团
American Red Cross	美国红十字会
American Relief Administration	美国救济管理局
Amiens	亚眠
Anglo Saxon	盎格鲁—撒克逊
Ansbach	安斯巴赫
Antwerp-Metz	安特卫普—梅斯
Antwerp-Meuse	安特卫普—默兹河线

Arco	阿尔科
Argonne	阿尔贡
Armistice Convention	《停战公约》
Army Group of Kieff	基辅集团军
Army Group of Mackensen	马肯森集团军
Arthur Feiler	阿图尔·法伊勒
Asia Minor	小亚细亚
Auer	奥尔
Auf hartem Grund	《坚实的基础》
Augsburg	奥格斯堡
Augusta Barracks	奥古斯塔营地
Austria	奥地利
Babenberg	巴本堡
Baden	巴登州
Balkans	巴尔干半岛
Bamberg	班贝格
Baron von Stein	冯·斯坦男爵
Baron von Wolzogen	冯·沃尔措根男爵
Battle of Jutland	日德兰海战
Battle of Somme	索姆河战役
Battle of Verdun	凡尔登战役
Bauer	鲍尔
Bavarian	巴伐利亚
Bavarian Crown Prince	巴伐利亚王储
Bavarian People's Party	巴伐利亚人民党
Bebel	倍倍尔

Bela Kun	贝拉·库恩
Belgium	比利时
Bell	贝尔
Berlin Councils	柏林议会
Berliner Tageblatt	《柏林小报》
Bernstein	伯恩斯坦
Bernstorff	伯恩斯托夫
Björn Björnson	比约恩·比约恩森
Boetzow Brewery	波兹奥啤酒厂
Bolshevist Hungary	布尔什维克主义的匈牙利
Bordeaux	波尔多
Boulogne	布洛涅
Brandenburg Gate	勃兰登堡门
Breitscheid	布赖特沙伊德
Bremen	不来梅
Breslau	布雷斯劳
Brest-Litovsk	布列斯特—里托夫斯克
British Grand Fleet	英国大舰队
Brockdorff-Rantzau	布鲁克多夫–兰曹
Brunsbuettel	布伦斯比特尔
Brunswick Election Union	布伦瑞克选举联盟
Brussels Convention	《布鲁塞尔公约》
Budapest	布达佩斯
Bulgarian	保加利亚
Bundesrat	联邦议会
Catholic Party	天主教党

Caucasus	高加索
Central Economic Council	中央经济委员会
Chemin des Dames	贵妇小径
Chicherin	奇切林
Christian People's Party	基督教人民党
Christian Socialists	基督教社会民主党
Christiana	克里斯蒂安尼亚
Circus Busch	布什马戏场
Clemenceau	克列孟梭
Coblenz	科布伦茨
Cohen-Reuss	科恩–罗伊斯
Cologne	科隆
Colonel Deetjen	德特延上校
Colonel Lehmann	莱曼上校
Compiegne	贡比涅
Conservatives	保守主义
Constantin Fehrenbach	康斯坦丁·费伦巴赫
Constantinople	君士坦丁堡
Count Matuschka	马图施卡伯爵
Count Reventlow	雷文特洛伯爵
Count Schulenburg	舒伦堡伯爵
Count von Roedern	冯·勒德恩伯爵
Courland	库尔兰
Crispien	克里斯平
Cunow	库诺
Cuxhaven	库克斯港

Dahlem	达勒姆
Daimler	戴姆勒
Danes	丹麦人
Danube	多瑙河
Danzig	但泽
Darlchenskassenscheine	信贷银行券
Däumig	多伊米希
Delbrück	德尔布吕克
Dernburg	德恩堡
Deutsche Allgemeine Zeitung	《德意志汇报》
Dietrich Schaefer	迪特里希·舍费尔
Division Lettow	莱托师
Dortmund	多特蒙德
Dr. Tipp	蒂普博士
Dr. von Pregar	冯·普雷加博士
Dresden	德累斯顿
Drews	德鲁兹
Dual Monarchy	二元君主政体
Duesseldorf	杜塞尔多夫
Duewill	杜威尔
Duisburg	杜伊斯堡
E.D.Adams	E.D. 亚当斯
Easter Program	复活节计划
Echo	《回声报》
Eden Hotel	伊甸园酒店
Eduard David	爱德华·达维德

Egelhofer	埃格尔霍费
Elbe River	易北河
Elisabeth Rotten	伊丽莎白·罗滕
Emden	埃姆登
Emil Barth	埃米尔·巴尔特
Engels	恩格斯
Epigoni	厄庇戈尼
Erfurt	埃尔福特
Erfurt Program	《埃尔福特纲领》
Erich Muehsam	埃里希·米萨姆
Ersatz	补给军
Erzberger	埃茨贝格尔
Essen	埃森
Eugen Ernst	欧根·恩斯特
Executive Committee	执行委员会
Fatherland party	祖国党
Fatherland Relief Service	国家救济服务
Fichte	菲希特
Field Marshal	陆军元帅
Fischer	菲舍尔
Flanders	佛兰德斯
Foch	福煦
Fokker	福克
Foss	福斯
Frankfort	法兰克福
Frankfurter Zeitung	《法兰克福报》

Franz Behrens	弗朗茨·贝伦斯
Franz Mehring	弗朗茨·梅林
Frederick II	腓特烈二世
Free Conservatives	自由保守派
Free State of Bavaria	巴伐利亚自由州
Freiheit	《自由报》
French lines	法兰西线
Friedberg	弗里德贝格
Friederich Stampfer	弗里德里希·施坦普费尔
Friedrich August III	弗里德里希·奥古斯特三世
Friedrich Ebert	弗里德里希·艾伯特
Friedrich Franz IV	弗里德里希·弗朗茨四世
Friedrich Wilhelm Foerster	弗里德里希·威廉·弗尔斯特
Friedrichshain	腓特烈斯海恩区
Garde Fusilier	燧发枪团
General Electric Company	通用电气公司
General Electric Works	通用电气工厂
Georg Bernhard	格奥尔格·伯恩哈德
Georg Ledebour	格奥尔格·莱德布尔
George H.Harries	乔治·H. 哈里斯
German Armistice Commission	德意志停战委员会
German Arms and Munition Factory	德意志武器和弹药工厂
German Crown Prince	德意志皇储
German Defense Division	德意志国防师
German Democratic Party	德意志民主党
German Empire	德意志帝国

German Fatherland Party	德意志祖国党
German General Staff	德军总参谋部
German Hannoverian Party	德意志汉诺威党
German Nationalists	德意志民族主义党
German Officers'Alliance	德意志军官联盟
German Peace Party	德意志和平党
German Peasant League	德意志农民联盟
German People's Party	德意志人民党
German Radicalism	德意志激进主义
German Republic	德意志共和国
German revolutionary movement	德意志革命运动
German Rifle Division	德意志步枪师
Giesberts	吉斯伯茨
Goehre	格雷
Gohre	戈里
Gotha	哥达
Gothein	戈泰因
Gottfried Kinkel	戈特弗里德·金克尔
Great Britain	大不列颠
Great German	大德意志
Gröeber	格罗伯
Groener	格勒纳
Guard Cavalry Division	近卫骑兵师
Guard Cavalry Rifle Division	近卫骑兵骑兵师
Guelphs	教皇党
Guldin School Barracks	古尔丁学校营房

Gustav Noske	古斯塔夫·诺斯克
Halle	哈雷
Haller	哈勒
Hamburg	汉堡
Hamburg Points	《汉堡纪要》
Hanover	汉诺威
Harden	哈登
Haussmann	豪斯曼
Heinrich von Gagern	海因里希·冯·加格恩
Helene Stoecker	海伦妮·施特克尔
Helgoland	黑尔戈兰岛
Heller	黑勒
Herbert Hoover	赫伯特·胡佛
Hermann Mueller	赫尔曼·穆勒
Hermann Oncken	赫尔曼·昂肯
Herr von Braun	冯·布劳恩先生
Hesse-Darmstadt	黑森—达姆施塔特州
Heye	海耶
High Seas Fleet	公海舰队
Hilla von Westharp	希拉·冯·韦斯特哈普
Hindenburg Line	兴登堡防线
Hoffmann	霍夫曼
Holy Ghost Field	圣灵场
Hoover War Library	胡佛战争图书馆
House of States	众议院
Huelsen Free Corps	霍尔森自由军

Hugo Haase	胡戈·哈泽
Hülsen	许尔森
Hungary	匈牙利
Indian	印第安人
Ingolstadt	英戈尔施塔特
Internationale	《国际歌》
J'accuse	《我控诉》
Jacobi	雅各比
Jade	亚德湾
Jaeger Battalions	猎兵营
Jannowitz Bridge	扬诺维茨桥
Joffe	越飞
Johann Most	约翰·莫斯特
John Joseph Pershing	约翰·约瑟夫·潘兴
Judas Iscariot	犹大
Jugo-Slavia	南斯拉夫
Kant	康德
Kapp Putsch	卡普政变
Karl Binding	卡尔·宾丁
Karl Eduard	卡尔·爱德华
Karl Helfferich	卡尔·黑尔费里希
Karl Kautsky	卡尔·考茨基
Karl Lamprecht	卡尔·兰普雷希特
Karl Liebknecht	卡尔·李卜克内西
Karl Radek	卡尔·拉狄克
Karl Renner	卡尔·伦纳

Karl Seitz	卡尔·塞茨
Karlsruhe	卡尔斯鲁厄
Kempten	肯普滕
Kiel	基尔
Kienthal Conference	昆塔尔会议
Koenigsberg	柯尼斯堡
Koeth	克特
Kolberg	科尔贝格
Kreuz Zeitung	《十字报》
Krupp	克虏伯
Kumpmann	孔普曼
Kurt Eisner	库尔特·艾斯纳
Land Rifle Corps	陆军步枪队
Landsberg	兰茨贝格
Landwehr Canal	兰德威尔运河
Lassalle	拉萨尔
Latvian	拉脱维亚
Laufenberg	劳芬贝格
League of Industrials	工业联盟
League of Landowners	土地所有者联盟
Legien	莱吉恩
Lehrter Station	莱赫特车站
Leidig	莱迪格
Leipzig	莱比锡
Lequis	列奎斯
Levi	列维

Levin	列维涅
Liberals	自由党
Lichtenberg Station	利希滕贝格车站
Lille	里尔
Lithuania	立陶宛
Lokal Anzeiger	《地区日报》
Lorraine	洛林
Los von Berlin	柏林失落
Louis Philippe	路易·菲利普
Ludendorff	鲁登道夫
Ludo Hartmann	卢多·哈特曼
Ludwig Frank	路德维希·弗兰克
Ludwig III	路德维希三世
Luebeck	吕贝克
Luedemann	吕德曼
Luitpold Gymnasium	路易波德体育馆
Lusitania Medal	“卢西塔尼亚”号纪念章
Lustgarten	卢斯特花园
Lüttwitz Corps	吕特维茨军
Lys	利斯河
Macedonia	马其顿
Macedonian front	马其顿前线
Mackensen	马肯森
Madgeburg	马格德堡
Maenner	门纳
Maercker	马克

Maerker	梅尔克
Malinoff	马利诺夫
Marine House	海军陆战队
Marloh	马洛
Marne	马恩河
Marsfeld	马斯菲尔德
Marx	马克思
Mathaser	马萨瑟
Max Montgelas	马克斯·蒙格拉斯
Maximilian von Baden	马克西米利安·冯·巴登
May Beveridge	梅·贝弗里奇
Mecklenburg	梅克伦堡
Meinecke	迈内克
Methuen Agreement	《梅休因协定》
Mette	梅特
Meuse	默兹河
Mierfeld	米尔菲尔德
Minister of Colonies	殖民事务部部长
Minister of Defense	国防部部长
Minister of Economics	经济部部长
Minister of Food	食品部部长
Minister of Foreign Affairs	外交部部长
Minister of Justice	司法部部长
Minister of Posts	邮政部部长
Minister of the Demobilization Office	复员部部长
Minister Public Worship	教会事务部部长

Ministers without Portfolio	政务委员
Minsk	明斯克
Moabit	莫阿布特
Moltke	毛奇
Mommsen	蒙森
Mosse Publishing Houst	莫泽报社
Muenchener Neueste Nachrichten	《慕尼黑最新新闻》
Muenchener Post	《慕尼黑邮报》
Müller-Meiningen	米勒 — 迈宁根
Napoleon III	拿破仑三世
Nassau	“拿骚”号
National Liberal Party	国家自由党
National Union of German Officers	德意志军官联盟
Naumann	瑙曼
Neurath	诺伊拉特
Neuring	纽林
New Theater of Weimar	魏玛新剧院
Nore	诺尔
North Bavaria	北巴伐利亚
Nuremberg	纽伦堡
Oldenburg	奥尔登堡
Ost Friesland	“奥斯特弗里斯兰”号
Ostmoor	奥斯特莫尔
Otto Braun	奥托·布劳恩
Otto the Lazy	懒汉奥托
Otto Wels	奥托·韦尔斯

Palestine	巴勒斯坦
Partenkirchen	帕滕基兴
Paul Eltzbacher	保罗·埃尔茨巴赫
Persius	佩尔西斯
Poles	波兰人
Posen	“波森”号
Potsdam	波茨坦
Potsdam Free Corps	波茨坦自由军
Prenzlauer Allee	普伦兹劳尔林荫大道
President of the Ministry	内阁总理
Preuß	普罗伊斯
Preussische Jahrbücher	《共济会报》
Prince Lichnowsky	利赫诺夫斯基亲王
Professor S. Berger	S. 贝格尔教授
Progressive People	进步人民党
Prolat	普罗拉
Provisional President	临时总统
Pruessianmism	普鲁士精神
Prussian Monarchists	普鲁士君主主义者
Prussian Parliament	普鲁士议会
Prussianism	普鲁士主义
Puchheim	普赫海姆
Quidde	奎德
Radical Socialist Party	社会民主党
Radicalism	激进主义
Regensburg	雷根斯堡

Reichsbank	帝国银行
Reichskassenscheine	帝国国库券
Reichswehr	国家防卫军
Reinhardt	赖因哈特
Reinhardt Brigade	莱因哈特旅
Rendsburg	伦茨堡
Republic Revolutionists	共和主义革命者
Republican Guards	共和警卫队
Rethen on the Aller	阿勒尔河的雷特姆
Rethondes	雷通德
Reuss Younger Line	罗伊斯幼支亲王国
Rheims	兰斯
Rheinbaben	莱茵巴本
Rhine Confederation	莱茵河邦联
Rhine Palatinate	莱茵普法尔茨
Rhine Province	莱茵省
Rhineland	莱茵兰
Rhineland-Westphalia	莱茵兰—威斯特伐利亚
Richard Mueller	理查德·米勒
Richard Müller-Fulda	理查德·米勒–富尔达
Richthofen	里希特霍芬
Robert Eichhorn	罗伯特·艾希霍恩
Robert Schmidt	罗伯特·施密特
Rosa Luxemburg	罗莎·卢森堡
Rosenheim	罗森海姆
Rosslyn Wemyss	罗斯林·威姆斯

Rostock	罗斯托克
Rote Soldaten	《红色士兵》
Rotterdam	鹿特丹
Rüdlin	鲁德林
Rudolf Christoph Eucken	鲁道夫·克里斯托夫·奥伊肯
Ruhr	鲁尔
Rumania	罗马尼亚
Rupprecht	鲁普雷希特
Saint Paul's Church	圣保罗教堂
San Remo	圣雷莫
Save	萨瓦河
Saxe-Weimar	萨克森—魏玛
Saxon Minister of War	萨克森战争部部长
Saxony	萨克森州
Scharnhorst	沙恩霍斯特
Scheer	舍尔
Scheidemann	谢德曼
Scheldt	斯海尔德河
Scheuch	朔伊希
Schiffer	席费尔
Schillig roadstead	希利格锚地
Schleisstein	施莱因斯坦
Schlieffen Plan	施里芬计划
Schneppenhorst	施内彭霍斯特
Scholze	朔尔策
Schumacher	舒马赫

Schwerin	什未林
Serbia	塞尔维亚
Seventh Army	第七军
Siegesallee	胜利大道
Simbirsk	辛比尔斯克
Simon	西蒙
Sinovieff	塞维耶夫
Small Proprietors	小领主
Social Democrats	社会民主党
Socialism	社会主义
Socialist	国际社会主义
Sofia	索非亚
Solf	佐尔夫
Souchon	苏雄
South Germany	南德意志
Soviets	苏联
Spa	斯帕
Spahn	施潘
Spandau	施潘道
Spartacan Alliance	斯巴达克同盟
Spithead	斯皮特黑德
Stadelheim	斯塔德海姆
Stadtler	施泰特勒
State and Revolution	《国家与革命》
Stettin	斯德丁
Steuber-Kassell	施托伊贝尔–卡塞尔

Stuttgart	斯图加特
Supreme Economic Council	最高经济委员会
Swiss	瑞士
Tageblatt	《日报》
Teutons	条顿人
The Red Flag	《红旗报》
the Schwartzkopf and the Loewe Works	施瓦茨科普夫工厂和勒韦工厂
Thuringia	图林根
Tiergarten	蒂尔加滕公园
Trade Union House	工会大厦
Treaty of Bucharest	《布加勒斯特条约》
Treaty of Tilsit	《蒂尔西特条约》
Treaty of Versailles	《凡尔赛条约》
Treves	特里尔
Trimborn	特林博恩
Trotsky	托洛茨基
Turkey	土耳其
Ukraine	乌克兰
Uljanow	乌里扬诺夫
Ullstein	乌尔施泰因报社
Unions Commission	工会委员会
United Hanoverian Party	汉诺威联合党
Unter den Linden	林登大道
Vater	法特
Versaille	凡尔赛宫
Veteran German divisions	德军老兵师

Villers Cotterêts Forest	维莱科特雷森林
Vistula	维斯瓦河
Vogtherr	沃格瑟尔
Volunteer People's Army	人民志愿军
von Boehn	冯·伯恩
von Bülow	冯·比洛
von Capelle	冯·卡佩勒
von Delbrück	冯·德尔布吕克
von Forstner	冯·福斯特纳
von Freytag-Loringhoven	冯·弗赖塔格–洛林霍芬
von Gerlach	冯·格拉赫
von Hertling	冯·赫特林
von Hindenburg	冯·兴登堡
von Hintze	冯·欣策
von Hipper	冯·希佩尔
von Hoffmann	冯·霍夫曼
von Kardorff	冯·卡多夫
von Kessel	冯·克塞尔
von Kleist	冯·克莱斯特
von Krause	冯·克劳泽
von Lettow-Vorbeck	冯·莱托–福贝克
von Linsingen	冯·林辛根
von Marschall	冯·马沙尔
von Mudra	冯·穆德拉
von Oven	冯·奥芬
von Payer	冯·派尔

Von Plessen	冯·普勒森
von Posadowsky-Wehner	冯·波萨多夫斯基–魏纳
von Schmidthals	冯·施米特哈尔斯
von Seekt	冯·塞克特
von Stumm	冯·施图姆
von Tirpitz	冯·提尔皮茨
von Waldow	冯·瓦尔多
von Wangenheim	冯·旺根海姆
Vorwaerts	《前进报》
Vossische Zeitung	《福斯报》
Vulcan	伏尔坎
Wahnschaffe	万沙费
Wallonien	瓦隆大区
Walther Rathenau	瓦尔特·拉特瑙
Walther Schücking	瓦尔特·许金
Walther von Lüttwitz	瓦尔特·冯·吕特维茨
Wandsbecker Hussars	万兹贝克骑兵
Warnemuende	瓦尔讷明德
Warsaw	华沙
Weltpolitik	世界政策
West Carnifax	“西卡尼法克斯”号
Westphalia	威斯特伐利亚
White Book	白皮书
Wilhelm Dittmann	威廉·迪特曼
Wilhelmplatz	威廉广场
Wilhelmshaven	威廉港

Wilhelmstrasse	威廉大街
William Liebknecht	威廉·李卜克内西
Wilmersdorf	维尔默斯多夫
Wilson	威尔逊
Wine Gardeners	葡萄酒园丁
Wissell	维塞尔
Wolfenbüttel	沃尔芬比特尔
Wolff Telegraph Bureau	沃尔夫通讯社
Wolfgang Heine	沃尔夫冈·海涅
Wolfgang Kapp	沃尔夫冈·卡普
Workmen's Deputies Councils	工人代表委员会
Wurm	武尔姆
Württemberg	符腾堡
Württemberg Citizens' Party	符腾堡公民党
Zähringen	策林根家族
Zossen	措森